Friedrich Benesch

Weihnachten im Sommer feiern?

Friedrich Benesch

Weihnachten im Sommer feiern?

Die christlichen Jahresfeste in der Polarität von Nord- und Südhemisphäre

Verlag Urachhaus

ISBN 3-8251-7225-2
Erschienen 1998 im Verlag Urachhaus

Einbandgestaltung: Walter Schneider
Druck: Offizin Chr. Scheufele, Stuttgart

Inhalt

Vorwort

Im Oktober 1996 erreichte mich aus Neuseeland die Anfrage, eine kleine Auswahl der Vorträge von Friedrich Benesch für eine englische Übersetzung vorzuschlagen. Der Übersetzerin Eva Knausenberger konnte ich drei grundlegende Vorträge, welche die Hemisphärenfrage betreffen, übergeben. Dr. Benesch hat sie vom 3. bis 5. Juni 1980 während einer Priestersynode am Goetheanum in Dornach (Schweiz) gehalten. Es ist seine konzentrierteste Darstellung zu diesem Thema.
Von Juni 1994 bis 1997 fand an der Freien Hochschule der Christengemeinschaft in Stuttgart (Priesterseminar) monatlich eine Hemisphären-Konferenz statt, auf der verschiedene Aspekte dieser Frage aus eigenen Erfahrungen und Forschungen zusammengetragen wurden, unter anderem auch Beneschs Vorträge. Von dieser Konferenz wurde ich gebeten, neben der englischen Übersetzung der Vorträge, die sowohl in Südafrika wie in Neuseeland erscheinen wird, eine deutsche Bearbeitung herauszugeben.
So möge die großartige Zusammenschau der Äußerungen Rudolf Steiners zu diesen Fragen einem weltweit erwachten Interesse hilfreich entgegenkommen. Denn Friedrich Benesch hat als Theologe, Priester und Naturwissenschaftler durch mehr als vierzig Jahre damit gelebt. Innerhalb seiner christologischen Forschungen stellen diese Vorträge ein Vermächtnis an die nachfolgenden Generationen dar. Ihm sei dafür gedankt!

Esslingen am Neckar, Ostern 1998 *Johannes Kloiber*

Die Erde als einheitliches Ganzes

Das Problem der Ausbreitung der Christengemeinschaft auf der südlichen Erde macht uns erneut bewusst, dass zunächst das ganze Erleben der christlichen Feste ja sehr stark in den ersten Jahren des Lebens der Christengemeinschaft in Zusammenhang gebracht worden ist mit dem Jahreslauf der nördlichen Hemisphäre. Auch die wesentlichen Hinweise, die für das Wirklichkeitsgeschehen des Jahreslaufes aus der Anthroposophie kommen, legen so etwas außerordentlich nahe. Und das Problem verschärft sich besonders dadurch, dass auch in dem »Seelenkalender« Rudolf Steiners in voller Deutlichkeit zunächst die unmittelbare Anlehnung an das äußere Jahreslauf- und Jahreszeitengeschehen enthalten ist. Das Miterleben des Jahres im »Seelenkalender« geht von Woche zu Woche unmittelbar aus von dem, was äußerlich wahrnehmbar ist und damit mitempfunden werden soll und kann, so dass dann in das Bewusstsein kommt durch den betreffenden Wochenspruch, was nun wiederum der Jahreslauf-Zustand im Menschen bewirkt. Damit ist also in jedem dieser Wochensprüche eine deutliche Reaktion des Menschen auf das Jahreslaufgeschehen mit enthalten.[1]

Und wenn man versucht, das Thema rein aus der Anthroposophie heraus allmählich zu durchdringen, so muss man feststellen: es ist außerordentlich schwierig und sehr kompliziert. Und ich möchte deshalb hier ganz bestimmt keine Dogmen entwickeln, sondern den Versuch machen, einiges an Gesichtspunkten beizutragen für das Erkenntnisproblem, das mit dieser Frage zusammenhängt: Wie feiern wir die christlichen Feste? Feiern wir sie einheitlich für die Erde oder teilen wir sie auf Nord- und Süderde? Wie kann mit dieser Frage umgegangen werden?

Da möchte ich zunächst ausgehen davon, was als ganz wesentliches Motiv in den beiden Vorträgen vorkommt, die vor und nach dem 30. Dezember 1922 (GA 219) gehalten sind und die ja beide in das Motiv der »Kosmischen Kommunion« münden, nämlich so, dass in dem ersten dieser beiden Vorträge Rudolf Steiner davon spricht, wie man den Jahreslauf überhaupt ansehen muss, nämlich als eine Totalität, zwar nicht als die absolute Totalität des ganzen Kosmos, aber als eine Teiltotalität, die mit dem Leben des Erdorganismus zusammenhängt im Zeitenlauf. Er sagt, der Tageslauf ist auch so eine Zeittotalität, der Jahreslauf ist es eben auch. Aber damit erhebt sich sofort die Frage, wo auf der Erde tritt diese Totalität von gleichgewichtigem Frühlingsprozess, Sommerprozess, Herbstprozess, Winterprozess überhaupt auf?

Denn es ist deutlich: am Äquator tritt sie nicht auf, sie tritt auch nicht auf an den beiden Polen. Sie ist beschränkt auf die mittleren Breiten. Und wenn man die mittleren Breiten der Erde anschaut daraufhin, wie die Jahreszeiten sich da abspielen, dann kann man konstatieren, dass es auf der Nordhemisphäre einen bestimmten Gürtel gibt, innerhalb dessen sie auftreten. Das betrifft aber schon nicht mehr vollständig das Mittelmeergebiet, und es betrifft auch nicht mehr das Gebiet der Taiga und der Tundra in Nordamerika und Nordasien.

Wenn man dann in die eigentlichen mittleren Breiten kommt – also sagen wir das mittlere Nordamerika, das ziemlich vollständige Europa, weil Nordeuropa durch den Golfstrom sehr stark einbezogen ist in das Jahreszeitengeschehen, und dann das mittlere Asien –, muss man wieder feststellen: auch da ist es nicht so, dass die vier Jahreszeiten in ihrem vollen Urphänomenalen gleichgewichtig auftreten. Nordamerika ist eigentlich so in den Jahreszeiten eingebettet, dass der Herbst überwiegt. Man kann es deshalb einen Herbstkontinent nennen, demgegenüber die drei anderen Jahreszeiten zurücktreten. Wenn man auf der anderen Seite auf die Steppengebiete Asiens hinschaut, dann sieht man, wie ja das mittlere Asien, nördlich der großen Gebirgszüge, so sich darstellt, dass in diesen Steppengebieten das Frühjahrsgeschehen, der Frühling die eigentliche Jahreszeit ist. So dass man schon auf der Nordhemisphäre eigentlich sagen muss – wenn man richtig sorgfältig studiert, auch die Klimatologie und die Pflanzenvegetation studiert –, dass sich das Gebiet, in dem die vier Jahreszeiten urphänomenal gleichgewichtig auftreten, im Wesentlichen beschränkt auf eine Zone zwischen Spanien und Irland, zwischen Finnland und vielleicht noch einbezogen Kleinasien.

In diesem Gebiet sind die vier Jahreszeiten tatsächlich voll enthalten. Das hängt aber damit zusammen, dass meteorologisch Europa kein eigenes Klima hat, sondern dass die gesamten klimatischen Prozesse Europas gesteuert werden durch vier außerhalb von Europa liegende klimabildende Zentren, die dann so wirken, dass sie im europäischen Gefilde dieses gleichgewichtige Jahreszeitengeschehen vor allem in Bezug auf das Wetter herbeiführen. Ich will nur erwähnen zum Beispiel das Gebiet von Neufundland im nördlichen Nordamerika, welches die Quelle ist für die meisten Regenprozesse, die in Europa zu Boden gehen.

Geht man nun von da südlich – also von diesem merkwürdigen Gebiet, wo auf der Erde tatsächlich die Jahreszeiten voll da sind, aber wiederum einseitig nach West und nach Ost abgewandelt –, kommt man in das eigentlich subtropische Gebiet, in das Mittelmeergebiet. Da kann man jetzt deutlich sehen, dass dort etwas ganz Merkwürdiges vorhanden ist, nämlich dieses, dass in dem dortigen Sommer ein Trockenwinter steckt, ein Heißwinter, ein Hitzewinter, den im Grunde nur die Pflanzen überstehen, ohne zu verdorren, zu vertrocknen, die diese eigenartige Blätterbildung haben wie zum Beispiel der Lorbeer oder die Olive. Dieses typische subtropische Mittelmeerklima hat im Sommer einen Winter, zwar keinen Kälte-, aber einen Hitzewinter. Und wenn man auf der anderen Seite das Wintergeschehen im Mittelmeergebiet anschaut, dann sieht man, dass in den winterlichen Zeiten Sommerliches geschieht. Die Vegetation beginnt einfach im Herbst wieder zu grünen und zu blühen und wächst durch den ganzen Winter weiter. Ein Prozess, der sich in den nördlichen Breiten unter die Schneedecke hineinverbirgt.

Die Tropen haben zwei Sorten Sommer, in den Wüstenzonen den trockenen, regenlosen Sommer und in den eigentlichen tropischen Zonen, nördlich und südlich des Äquators, das tägliche Gewitter. Von vier Jahreszeiten kann dort überhaupt keine Rede sein. Es ist faktisch dieser in sich gespaltene Doppelsommer. Die Erde ist immer draußen, sie hat immer ausgeatmet, die Einatmung erfolgt gar nicht.

Erst über diese Tropenzone hinaus, weiter nach Süden, kommt man auf die südlichen Teile der Südkontinente Südamerika, Afrika und Australien. Dabei ist es wichtig zu beachten, dass Australien an der eigentlichen Tropenzone, an der äquatorialen Zone, kaum Anteil hat. Es liegt im Wesentlichen in derselben Zone südlich wie die Sahara nördlich. Der größte Teil des australischen Kontinentes ist abflusslos, trocken, hat Steppen- und Wüstenklima.

Nur Afrika und Südamerika haben Anteil an einem Gebiet mit vier Jahreszeiten. Und zwar haben sie hauptsächlich starken Anteil an der tropischen Zone. Es sind dort auch die größten tropischen Urwälder ausgebreitet. Indem sie sich aber morphologisch sehr stark zusammenziehen – von der tropischen Zone ab zieht sich Südamerika ganz stark zusammen, dasselbe gilt für Afrika, der Golf von Guinea greift ganz tief dort ein –, haben diese beiden Kontinente nur eine schmale Zone, in der nun wieder die vier Jahreszeiten auftreten.

Gehen wir dann an die beiden äußersten Enden der Erde, also den Nordpol und den Südpol, die Gebiete innerhalb der Polarkreise: dort ist nun natürlich das Gegenteil vom äquatorialen Gebiet vorhanden, es ist praktisch immer Winter. Auf dem antarktischen Kontinent gibt es nur ganz wenige Pflanzen und ganz wenige Tierarten, die dort überhaupt existieren können, im Norden haben wir das Eismeer, das Nordmeer. Wenn man also die Erde als Ganzes anschaut, dann sieht man, dass das eigentliche Jahreszeitenphänomen in ganz begrenzten Bereichen auftritt. Das ist also das Eine.

Das Zweite, was man ebenso anschauen kann, ist nun dieses: Was geschieht im Grunde genommen im Jahreslauf? Wir beziehen uns auf die Jahreslaufvorträge von Rudolf Steiner (GA 223), wo davon gesprochen wird, dass hier ein Jahresatem erfolgt. Schaut man genau hin und fragt, was atmet da aus und ein, dann muss man sehr aufpassen, weil man leicht dazu kommt, das, was man wahrnimmt – also das Verschwinden der Schneedecke, das Aufkeimen der Pflanzenwelt, das Sich-Entfalten, das Blühen, das Reifen, das Fruchten, das Welken und so weiter, aber auch das Hereinstrahlen von Licht und Wärme von außen aus dem Kosmos, die ganzen meteorologischen Prozesse, die sich im Jahreslauf abspielen –, direkt mit diesem Jahresatem zusammenzusehen. Denn gleich am Anfang des ersten Vortrages spricht Rudolf Steiner dezidiert aus, worum es sich da handelt. Er spricht da zunächst einmal von diesem Jahresatem, und dann heißt es ganz deutlich: »... denn die Kräfte, von denen ich gesprochen habe, die sind das Seelische der Erde. Die Erde also hält mit Ende Dezember ihr Seelisches ganz in sich.«

Dieser Jahresatemzug, der eigentlich das Jahreslaufgeschehen bewirkt, ist also das Seelische, es ist gar nicht das Ätherische, sondern im Physischen und im Ätherischen bildet sich das dann ab, und das eigentlich Bewirkende, das eigentlich Agierende in diesem Zusammenhang ist gar nicht der Ätherleib der Erde und die mit dem Ätherleib der Erde zusammenhängenden Elementarwesen, sondern es sind im Sinne des betreffenden Hierarchienzyklus[2] die Geister der Umlaufzeiten. Wenn man sich als Nicht-Hellseher und Nicht-Eingeweihter noch zur Not etwas unter den Gnomen und Sylphen und Undinen und Salamandern irgendwie vorstellen kann, was kann man sich denn unter den Geistern der Umlaufzeiten vorstellen?

In diesem selben Hierarchienzyklus spricht es Rudolf Steiner ganz dezidiert aus, indem er sagt: Diese Geister der Umlaufzeiten sind der Astralleib der Erde. Es sind also gar nicht die Elementarwesen, die die Jahreszeiten bewirken, sondern die Elementarwesen – sie sind ja der Ätherleib der Erde – werden impulsiert, sie werden geführt, heruntergeführt und heraufgeführt durch das Auf- und Absteigen der Geister der Umlaufzeiten. Wobei das Wirken der Geister der Umlaufzeiten, das heißt des Astralleibes der Erde, sich nicht nur darauf bezieht, dass dieser Atem erfolgt, dass also diese Geister der Umlaufzeiten aufsteigen im Frühling, dass sie im Sommer kulminieren und den Zusammenhang mit dem Sternenkosmos suchen und finden, dass sie sich im Herbst wieder zurückziehen, zusammenziehen, einsteigen und auf diesem Wege die Elementarwesen mitnehmen, sondern – und das wird wieder in dem betreffenden Zyklus ausgesprochen – diese selben Geister der Umlaufzeiten bewirken die Umdrehung der Erde um sich selbst. Sie bewirken also den Tageslauf und stecken in jener exzentrischen Äthersphäre, die G. Wachsmuth in seinem Buch »Erde und Mensch« (1945)[3] ausführlich dargestellt hat. Mit Hilfe der Ätherkräfte der Elementarwesen, die in dieser exzentrischen Sphäre, die eine ganz bestimmte Richtung, die 3-Uhr-Richtung zur Sonne hat, leben, wirken nun wiederum die Geister der Umlaufzeiten so, dass sie die Erde drehen. Wie kann man denn solche Angaben überhaupt verstehen?

Wenn zum Beispiel in dem Zyklus »Der Mensch als Zusammenklang des schaffenden, bildenden und gestaltenden Weltenwortes«[4] dargestellt wird, wie die Gnomen wirken, dass die Pflanze wurzelt und auf der anderen Seite durch die Gnomenantipathie aus der Erde herausgedrückt wird, kann man das ja noch irgendwie mitvollziehen. Man kann mitvollziehen, wie die Undinen nachher das von den Gnomen Herausgebrachte übernehmen und bewegen. Aber man sieht sofort, wie ungeheuer schwer es einem fällt – weil man selber Gegenstand dieser Drehung der Erde um sich selber ist, denn nicht nur »Fels und Meer wird fortgerissen in ewig schnellem Sphärenlauf«,[5] sondern auch der menschliche physische Leib –, sich soweit innerlich zu distanzieren von diesem Getragen-Werden, Mitgerissen-Werden, dass man versucht herauszuspüren: wie machen die Geister der Umlaufzeiten das nun wiederum, dass sie diese Erde drehen?

Es genügt nicht, wenn man diese Beschreibungen einfach intellektuell-abstrakt zur Kenntnis nimmt, sondern man kann vielleicht eine Art Erlebniszugang finden, indem man entweder Eurythmie macht oder indem man spricht, den Wortstrom bewegend. Aber das ist die eigentliche Wirklichkeit: diese merkwürdigen, geheimnisvollen Geister der Umlaufzeiten, die also den Tageslauf bewirken und die Träger des Jahresatems sind. Sie sind es, die sich im Winter zurückziehen, hereinziehen in das Erdinnere, sie sind es, die den Impuls bekommen, im Frühjahr heraufzusteigen und die Elementarwesen zu bewegen, so dass diese dann ihre Angelegenheiten verrichten können und, indem sie etwas getan haben, sogar mitgerissen werden und hinaufziehen in die Höhen, so dass die einzelnen Elementarwesen da draußen verschwimmen, wolkenartig verfließen; und erst, wenn dann wieder die Herbstprozesse beginnen, ziehen diese Geister der Umlaufzeiten die Elementarwesen wieder herunter und lassen sie dann sich vereinzeln, um zu einem stärkeren Selbsterleben zu kommen, das dann der Grund des Selbsterlebens der Erde ist. Also wir müssen versuchen, uns auch gefühlsmäßig, empfindungsmäßig oder, ich möchte sagen, so halb okkult wahrnehmungsmäßig innerlich mit diesen Beschreibungen zu verbinden.

Dann kommt man zu der Frage: Kann man den Jahreslauf – dessen urphänomenales Geschehen allein in Europa vollständig ist, der bereits auf der Nordhemisphäre in Amerika und Asien gewisse Einseitigkeiten zeigt und der dann auf der Südhemisphäre im Wesentlichen auch dort, wo er richtiggehend in den Zonen der normalen gemäßigten Breiten auftritt (so wie ich das habe beobachten können sowohl in Südamerika wie in Afrika wie in Australien), doch sehr stark etwas von diesem mittelmeerischen Charakter hat, das heißt von diesem eigenartigen Charakter, in dem Winterliches und Sommerliches bis in die Erscheinung herein ineinander wirken, und ebenso Herbstliches und Frühlingshaftes – zur Grundlage im Erleben der christlichen Feste machen? Denn wenn man besonders die beiden Kontinente Südamerika und Afrika anschaut, sind sie im Grunde genommen Sommerkontinente. Von einer Gleichwertigkeit, einer Gleichartigkeit der beiden Prozesse auf den beiden Hemisphären kann zunächst nur insofern gesprochen werden, als sie beide ganz gleich diesen Atemzug der Erdenseele, das heißt also diesen Atemzug der Geister der Umlaufzeiten darstellen, den mitzuspüren, mitzuempfinden wir aufgerufen sind, wenn wir das Leben der Erde im Jahreslauf mitmachen wollen. Damit erhebt sich die Frage: Wo sitzt auch im reinen Naturverlauf das übergeordnete Jahreszeitengeschehen, das für die ganze Erde gilt, nicht nur für die Hemisphären? Natürlich, die nördliche Hemisphäre und die südliche Hemisphäre haben polarische Vorgänge. Wenn im Norden, in den gemäßigten Breiten – und das muss man wieder betonen: es ist ja immer nur eine bestimmte Zone um die Erde herum, in der das geschieht – der Astralleib, die Seele der Erde, die Geister der Umlaufzeiten hinausströmen, was für eine Astralfigur entsteht denn da?

Rudolf Steiner sagt in einem Vortrag in Oslo[6]: Die Erde hat etwas wie einen Kometenschweif zur Sonne hin. Wenn ich versuche, mir dieses Astralbild vorzustellen, mit ihm wirklich innerlich mitzuleben, innerlich zu verifizieren, dann habe ich den Eindruck: Jetzt, wenn hier auf der Nordhemisphäre Sommer ist, dann ist auf der Südhemisphäre dieses Astralische eingezogen, an die Erde herangezogen, so dass jetzt die Erde nach Süden hin wie der Kopf eines Kometen aussieht, dagegen nach Norden hin aus der Erde heraus diese astralische Fahne, dieser astralische Kometenschweif herauskommt. Aber von woher kommt er denn? Ich kann eigentlich gar nicht anders denken, als dass er – wenn ich mir die Tätigkeit dieser Geister der Umlaufzeiten konkret machen will – becherartig herausströmt, um den kalten winterlichen Pol herum, so dass also tatsächlich astralisch etwas wie eine Figur entsteht. Das sind ja natürlich nicht äußere Raumverhältnisse, sondern Kräfteverhältnisse, astralische Zustände, astralische Empfindungsverhältnisse, die etwas wie eine große Schale bilden hinaus zur

Sonne. Umgekehrt, wenn im Süden Sommer ist, dann ist hier Winter, und das zieht sich wieder herein und bildet dann nach Norden hin zu den Sternen, in den Kosmos heraus den Kopf des Kometen und hat dann nach der anderen Seite nach Süden hin diese kometarische Veränderung, diese kometarische Verlängerung hinaus in das Weltall, zur Sonne hin. Das heißt aber: die Polarität ist ja darum eine Polarität, weil sie einer höheren Einheit zugehört. Schaue ich nur auf das Polarische (Kopf oder Schweif), dann habe ich eben den Nordwinter und den Südsommer, den Südwinter und den Nordsommer vor mir, ich habe die polarisierten Einseitigkeiten vor mir, ich sehe sie an und lebe mit ihnen im Zeitenlauf – je nachdem, ob ich auf der Nordhemisphäre oder auf der Südhemisphäre wohne – als mit einer zeitlichen Teiltotalität. Aber diese zeitliche Teiltotalität des vierfältigen Jahreslaufes im Norden und im Süden ist ja doch zusammengehalten, zu einer Einheitlichkeit gemacht dadurch, dass die polarischen Zustände einander fordern. Der Nordsommer fordert den Südwinter, und der Südsommer fordert den Nordwinter und umgekehrt in dem Astralerleben der Geister der Umlaufzeiten. Denn diese sind es, die das Ganze machen.

Das heißt also, und das wollte ich in diesem ersten Versuch ein wenig zu Bilde bringen: wir können auf der einen Seite durchaus mit dem lokalen Jahreszeitengeschehen einer Hemisphäre leben, aber wir können es nur in den Bereichen, wo das stattfindet. Wir können es nicht mehr jenseits – sagen wir einmal – des Polarkreises nach der einen Richtung und jenseits des Wendekreises, also auf der Nordhemisphäre des Krebses, nach der anderen Richtung. Beide astronomischen Grenzen auf der Erde begrenzen diesen Bereich, wo die Geister der Umlaufzeiten nicht einfach nur aus- und einatmen, sondern wo sie das Leben, den Ätherleib der Erde und auch den physischen Leib der Erde ergreifen und dirigieren, so dass die vier Jahreszeiten herauskommen.

Die Geister der Umlaufzeiten greifen sowohl in die Atmosphäre wie auch bis in das Mineralische ein. Und so war mir in diesen Jahren, in denen ich mit dieser Frage über die Erde gereist bin, immer das Problem: Wo gibt es auch im Jahreszeitengeschehen Punkte, an denen deutlich wird, dass dieses polarische Geschehen nicht einfach nur ein Gegensatz ist – Polaritäten, die sich gegenseitig fordern –, sondern dass ihm immer wieder auch etwas Einheitliches, etwas Übergeordnetes zugrunde liegt? Das heißt also, ich muss aus dem Bereich der Geister der Umlaufzeiten aufsteigen zu dem Bereich des Planetengeistes, denn im Bewusstsein und im Erleben der Tätigkeit des Planetengeistes müssen diese Polaritäten, diese Gegensätze vereinigt sein. Bei immerwährendem Suchen stößt man dann darauf, dass es so etwas gibt. Ich möchte zunächst auf diese nicht mehr jahreszeitlich getrennten, sondern einheitlichen Tatsachen des Jahreslaufes im Ganzen hinweisen.

Einen ersten Gesichtspunkt findet man in dem Zyklus »Anthroposophie, Psychosophie, Pneumatosophie«.[7] Im ersten Teil beschreibt Rudolf Steiner, wie der Mensch in seiner Gesamterscheinung dadurch zustande kommt, dass die Wesensglieder strömen, dass also der physische Leib von links nach rechts, der ätherische Leib von rechts nach links strömen und dass diese Wirbel, diese Strömungen das zur Erscheinung kommen lassen, was dann der mir entgegentretende lebendige Mensch ist. Er gibt Strömungen an für den astralischen Leib, und zwar für den Astralleib selbst, dann für den Empfindungsleib, für die Empfindungsseele, für die Verstandesseele und Bewusstseinsseele und für das Ich[8], und er überträgt das Ganze auf die Erde.[9] Es heißt dann eindeutig: Es strömt auf der Erde von Norden nach Süden der physische Leib der Erde, kräftemäßig. Aber das gilt für die ganze Welt. Das heißt, wir haben es auf der ganzen Erde mit einer Fundamentalströmung zu tun, die den physischen Leib der Erde fortwährend bildet, und zwar so, dass er vom Nordpol ausgehend die ganze Erde umströmt und durchströmt und beim Südpol wieder ausströmt. Diesem Physischen strömt entgegen der Ätherleib der Erde, und dieser strömt nun vom Südpol herauf, durchströmt und umströmt die ganze Erde und strömt zum Nordpol wieder heraus. Dasselbe gilt dann für die Empfindungsseele und für den Empfindungsleib der Erde, die von Ost nach West und von West nach Ost die Erde umkreisen und umströmen und dadurch nun den gesamten Erdorganismus zur Erscheinung kommen lassen, so wie beim Menschen auch. Und man sieht sofort: hier hat man es eben nicht nur mit etwas Polarischem zu tun, sondern mit etwas, was die Erde zur Einheit macht. Das ist also das Erste.

Einen zweiten Gesichtspunkt zur Einheitlichkeit der Erde enthalten die immer wieder geltend gemachten entscheidenden Angaben darüber, dass die Erde ganz und gar nicht aus zwei Hemisphären besteht, denn das ist eine reine Abstraktion, sondern die Erde in Wirklichkeit vier fundamentale Urbilder zusammenfasst in ihrer leiblichen Gestalt.

Das erste dieser Urbilder ist ein Kristall, es ist der berühmte Tetraeder.[10] Also die Tatsache, dass da eine Kristallform zugrunde liegt, wobei das Wesentliche bei einem Kristall immer dieses ist, dass die Kristallflächen aus dem gesamten kosmischen Umkreis herangetragen werden und sich begegnen und dadurch der Kristall entsteht. Es ist nicht etwa so, dass der Kristall durch die Ausfüllung einer geometrischen Figur mit Materie entsteht, sondern er entsteht eben dadurch, dass aus den kosmischen Weiten die Formen, die Formprinzipien zusammengefügt werden, z.B. zu den vier

Tetraederflächen. Also auf den drei Tetraederflächen, die sich am Südpol treffen – die Südatlantikfläche, die Indikfläche und die Südpazifikfläche –, liegt dann oben darauf die Nordkalotte, die Nordfläche mit den Eckpunkten, die Rudolf Steiner hier angibt, also Mexiko, Japan und Kaukasus. Das liegt aber alles bereits auf der Nordhemisphäre.

Die zweite Grundform, die diesen Tetraeder durchdringt, ist das Ei. Es ist der ursprüngliche Unterschied zwischen dem Dotter und dem Eiweiß. Es ist das, was noch bis in die lemurische Epoche hineinwirkt, wo dann die vier Zonen entstehen: die Feuerluft, die Wasserluft, die Wassererde und die Feuererde, als noch vollkommen lebendige Vorstufen eines Organismus Erde, der jedoch nicht mineralisiert ist.[11]

Wir haben dann drittens in dem Zyklus »Mysteriengestaltungen«[12] diese Zeichnung von Rudolf Steiner, die man sich nicht genug anschauen kann: die Erde als Haupt – das ist nämlich das dritte Bild, das der Erde zugrunde liegt – richtig mit zwei riesengroßen Augen, mit einem Mund, mit einer Nase, mit einer Kinnpartie, mit einer Stirnpartie und mit einer Partie, wo das Haar um dieses Haupt herum wuchert und wächst und wo hinein er diese wunderbaren Quarzkristalle zeichnet, in denen »Pflanzen« grünen, und auf der anderen Seite die Halbwolken, aus denen die »Tiere« herauskommen.[13] Aber besonders interessant ist die Angabe in dem Zyklus »Die Weltgeschichte in anthroposophischer Beleuchtung«.[14] Da gibt es in dem ersten Vortrag die wunderbare Ausführung: die Erde als Haupt, die Sonne als das zugehörige Herz.

So haben wir das Tetraederbild, einheitlich. Wir haben das Ei-Bild in Dotter und Eiweiß, einheitlich. Wir haben das Bild des Hauptes, einheitlich. Und wir haben schließlich die sphärischen Bilder, also das, was man dann nennen könnte: den Ätherleib der Erde, der sphärisch angeordnet ist, vom

Wärmeäther im Inneren über Lebensäther bis wieder zum Wärmeäther hinaus (siehe Günther Wachsmuth, »Erde und Mensch«), also das rein sphärische Bild, das im Grunde genommen das vierte Grundbild der Erde ist. Die vier durchdringen sich und machen die Erde zu einem einheitlichen Gebilde.

Nun gibt es aber noch etwas sehr Merkwürdiges. In dem Zyklus »Die geistige Vereinigung der Menschheit durch den Christus-Impuls«[15] führt Rudolf Steiner aus: »Wenn wir von diesem Erdenbewusstsein sprechen« – gemeint ist das Bewusstsein der Erde selber, nicht das irdische Bewusstsein des Menschen – «so sehen wir in dem Geologisch-Mineralogischen zunächst nicht einmal dasjenige, was sich vergleichen lässt beim Menschen mit den Muskeln und mit dem Blut, sondern nur das Knochengerüst, nämlich das Feste der Erde … Die ganze Erde hat Bewusstsein, ein Bewusstsein, das zu ihrem mineralischen Reiche gehört. Wir wollen uns nicht beschäftigen mit den Veränderungen dieses Bewusstseins der Erde für eine bestimmte Gegend …« – das ist also differenziert, dieses einheitliche Bewusstsein, sondern wir wollen konstatieren, »dass diese ganze Erde ihr Bewusstsein hat.« Und wenden wir jetzt den Blick von der mineralischen Erde zu der Pflanzenwelt, dann hören wir: »Diese Pflanzenwelt müssen wir, wenn wir sie im Sinne der Geisteswissenschaft anschauen, zunächst betrachten als ein selbständiges Wesen gegenüber unserer Erde. Und dass die Gesamtheit des Pflanzenseins ein selbständiges Wesen gegenüber der Erde ist, das tritt einem erst so recht hervor, wenn man auf das Bewusstsein dieser beiden Wesenheiten sieht. Wir können sprechen von einem Bewusstsein der gesamten mineralischen Erde. Wir können aber auch sprechen von einem Bewusstsein der gesamten Pflanzenwelt … Die Pflanzenwelt schläft für uns während des Hochsommers, gerade während sie sprosst und sprießt. Während sie ihr Physisches im äußersten Maße entfaltet, schläft sie. Und sie wacht vollbewusst zu jener Zeit, wenn sie äußerlich physisch keine Entwicklung durchmacht, sondern ihre physische Entwicklung zurückgeht; dann wacht die Pflanzenwelt. So dass wir von allen Pflanzen auf der Erde als einem Ganzen sprechen und diesem Ganzen der Pflanzenwelt kommt ja ein Bewusstsein zu. Wenn wir von diesem Bewusstsein sprechen, das also ein zweites Bewusstsein ist, welches das mineralische Bewusstsein der Erde durchdringt, wenn wir von diesem Pflanzenbewusstsein sprechen, so können wir im eigentlichen Sinne sagen: Dieses Pflanzenbewusstsein ist für unsere Gegenden schlafend im Hochsommer, wachend in der finstern Winterzeit. Jetzt aber, um diese Zeit« – 31. Dezember – »tritt auch etwas anderes ein. Sehen Sie, die beiden Bewusstseine, also dieses gesamte Erdenbewusstsein, das zur mineralischen Erde gehört, und das gesamte Pflanzenbewusstsein, die sind getrennt ... das ganze Jahr hindurch zwei Wesenheiten.« Nur nicht in dieser Zeit, in der wir jetzt stehen. »Da, wo sich das eine Jahr in das andere hinüberentwickelt, da haben unsere mineralischen Dinge und Vorgänge der Erde und die gesamte Pflanzenwelt *ein* Bewusstsein, das heißt, ihre zwei Bewusstseine durchdringen sich.«

Dies ist ein einheitlicher Prozess für die ganze Erde und tritt nur ein, wenn Nordhemisphären-Winter ist und wenn das eine Jahr in das andere Jahr übergeht. Das heißt also, wenn auf der Nordhemisphäre Winter ist, tritt etwas ein, was das sonst das Jahr über polarisch getrennte Bewusstsein der Pflanzenwelt – Winter-Sommer, Wachen-Schlafen – mit dem einheitlichen Sternen-Bewusstsein der mineralischen Welt zusammenfügt. Im Folgenden führt Rudolf Steiner dann aus, was der Inhalt ist dieses mineralischen Bewusstseins der Erde: es ist das Bewusstsein von dem, was in den

Planetensystemen und in den Fixsternwelten faktisch vorgeht.

Einen ebenso einheitlichen Vorgang für die ganze Erde, wie ihn Rudolf Steiner hier für »dieses Fest des Überganges von einem Jahr in das andere« ausführt, können wir berechtigter Weise für das Ostergeschehen annehmen. Das Ostergeschehen ist etwas, was einheitlich für die ganze Erde gilt. Denn es ist völlig egal, ob auf der Südhemisphäre Sommer oder Winter ist, Frühling oder Herbst. Das Ostergeschehen tritt ein, wenn der Ostervollmond vorbei ist und die Sonne den Lauf aus dem Zeichen der Fische in das Zeichen des Widders vollzogen hat, und dann in dem Lauf der Wochentage, das heißt in dem Zeitenlauf der Beobachtung der Mondgeister dessen, was die Planeten der Reihe nach im Kosmos tun – das ist ja der okkulte Hintergrund der Wochentage –, Sonntag ist.

Also sowohl das weihnachtliche Urphänomen, das Einheitlich-Werden des Pflanzen- und des Mineralbewusstseins der Erde, wie auch das österliche Urphänomen, die kosmische Situation zwischen Sonne, Mond und Erde, sind für die ganze Erde einheitlich. Man kann das gar nicht anders denken. Und so haben wir eben nicht nur dieses Einheitliche, dass die Strömungen der Wesensglieder, die die Erde fortwährend konstituieren, für die ganze Erde einheitlich sind und nicht polarisch getrennt nach Hemisphären[16], sondern wir haben auch diese beiden Phänomene, das Weihnachtsphänomen und das Osterphänomen, wobei das Weihnachtsphänomen mehr mit der Erde etwas zu tun hat, das Osterphänomen mehr mit dem Kosmos. Dazu kommt das, was im Vortrag aus den Erzengelimaginationen[17] ganz zum Schluss noch hinzufügt wird: Einmal im Jahr, und zwar wenn auf der Nordhemisphäre Winter ist, in den Monaten Dezember, Januar, Februar, bis März, bis Ostern hin, kommen die Menschenseelen aus dem Kosmos auf die Erde herunter. Die Erde wird durch sich inkarnieren wollende Menschenseelen einmal im Jahr befruchtet, und zwar dann, wenn auf der Nordhemisphäre Winter ist und der Winter zum Frühling übergeht. Diese Vorgänge sind also nicht mehr polarisch, Winter – Sommer, Herbst – Frühling, sondern für die ganze Erde einheitlich.

Und nun ist zu bedenken, dass es auch für den Verstorbenen ein einheitliches Bild der Erde nach dem Tode gibt, und zwar nicht nach Nord und Süd differenziert, sondern nach Ost und West differenziert. Der verstorbene Mensch schaut in einem bestimmten Moment die Aura der Erde an und sieht die westliche Hälfte rötlich schimmern, weil die Erdenhelligkeit durch eine Dunkelheit hindurch rötlich wird. Er sieht die östliche Erde bläulich schimmern im Astrallicht, weil ein Dunkles durch ein Helles durchschimmert. Er sieht die mittlere Erde, im wesentlichen Europa, grünlich schimmern, und er sieht Palästina golden leuchten.[18] Womit wir also sehen, dass im Astralleib der Erde, das heißt in diesem Gebilde, das den Jahreslauf bewirkt auf der Nord- und Südhemisphäre polarisch, das mit den Elementarwesen mitarbeitet, das die Geister der Umlaufzeiten betätigen, dass dieser astralische Leib der Erde selber im Ganzen einheitlich ist, und zwar so, dass seine Polarität jetzt nicht nord-südlich ist, sondern ost-westlich, wovon sofort das Licht fällt auf das Christuswirken im Umkreis der Erde – siehe Grundsteinspruch: Osten und Westen, und nicht Norden und Süden.[19]

Und schließlich, als letzten Punkt, darf ich noch hinzufügen auch das, was man wie durch glücklichen Zufall bei Rudolf Steiner findet in dem Kurs über das Johannes-Evangelium.[20] Er schildert die Szene unter dem Kreuz und erwähnt, was die Häscher machen. Sie haben Gewänder, die sie untereinander verteilen können, und sie haben dann das eine Gewand, das sie nicht zerteilen. Und da sagt dann Rudolf Steiner: Der Besitz, die Erweiterung der Persönlichkeit durch Aneignung von Eigentum, das ist das, in was man in einer gewissen Beziehung das Kleid, das der Christus, der Geist der Erde trägt, geteilt hat im Laufe der Zeit. Nur eines konnte nicht geteilt werden, es gehörte allen: Das ist die Lufthülle, die um die Erde herum einheitlich ist, und aus dieser Lufthülle heraus, wie uns in der Paradiesesmythe angedeutet wird, wurde ja dem Menschen der lebendige Odem eingeblasen. Damit haben wir die erste Anlage des Ich im physischen Leibe. Die Luft kann nicht geteilt werden. Dieses Evangelienwort gibt Aufschluss, wie die Erde als Ganzes samt ihrer Lufthülle der Leib oder das Kleid oder der Rock des Christus ist. In Kontinente und Gebiete ist das Kleid des Christus geteilt worden, nicht aber der Rock. Denn die Luft ist nicht geteilt worden, sie gehört allen gemeinsam. Sie ist das äußere, materielle Symbolum für die den Erdkreis umspielende Liebe, die später sich realisieren wird.

Das Reich Christi auf der Erde

Wenn man sich fragt, wer betreibt das, dass die Erde im Tageslauf und im Jahreslauf diese ganz bestimmten Stellungen innerhalb des Planetensystems einnimmt, die für die äußere Wissenschaft der eigentliche Faktor beim Zustandekommen der Jahreszeiten sind, dann haben wir bei Rudolf Steiner gehört, dass es im Wesentlichen die Seele der Erde ist, die das macht, also der astralische Leib der Erde. Dieser ist eben nicht eine Einheit wie beim Menschen, sondern besteht aus einer Vielheit von zusammenwirkenden höheren Elementarwesen, die bei Rudolf Steiner Geister der Umlaufzeiten heißen und die dann diese ganzen Bewegungen hervorbringen. Also ein seelisches Element betreibt den Jahreslauf. Es gehört ja auch immer zu den leisen Verwechslungen, wenn man meint, das Rhythmische in der Welt sei das Ätherische. Es gibt einen Vortrag, der einen da gründlich korrigiert über die Gesetzmäßigkeiten des Weltalls, wo Rudolf Steiner sagt: im Ätherischen lebt sich das Rhythmische aus, aber die Ursache des Rhythmischen, das ist die Gesetzmäßigkeit der Weltseele.[21] Das Seelische hat die Eigenschaft, in ewiger Bewegung aus- und einzuatmen, auf- und abzusteigen und so weiter. Und da kommt man zunächst tatsächlich zu den Bildern der Polaritäten, dass die Erdenseele ausatmet auf der einen Seite der Erde, wenn sie auf der anderen eingeatmet ist, und dass diese Ausatmung und Einatmung nicht nur lebendige Prozesse hervorruft, also der eigentliche Inaugurator der Lebensvorgänge des Erdorganismus ist, sondern dass die Erdenseele diese Prozesse auch mit Bewusstsein begleitet. Man kann bei diesen Polaritäten, bei diesen Gegensätzen bleiben, man kann aber auch den weiteren Schritt machen und sehen, wo ist die höhere Einheit. Besteht die Erde wirklich nur aus zwei Hemisphären, oder ist sie ein Organismus, ein einheitliches Ganzes, und wird nun wiederum diese Seelenbewegung der Erdenseele, der Erdenastralität regiert von dem Planetengeist der Erde?

In dem Hierarchienzyklus in Helsinki[22] spricht Rudolf Steiner davon, dass im Grunde genommen jeder Planet seinen individuellen Planetengeist hat, der eben die Formen auf der einen Seite und die Bewegungen, und zwar die inneren Bewegungen eines Planeten auf der anderen Seite bewirkt. Er nennt die Geister der Form und die Geister der Bewegung, die sich auf die einzelnen Planeten verteilen. Man kann sehen, wie sehr dieses ganz bestimmte Wesen aus der Hierarchie der Exusiai, nämlich das Jahve-Wesen, eine Art Erdgeist ist. Damit kommt man auf die Frage: ist das nicht doch irgendwo eine Einheit? Und ich habe versucht zu zeigen, wo man in der Anthroposophie die Angaben dafür findet. Man hat nicht nur diese Polaritäten, diese Gegensätze, sondern auch etwas, was dann das Ganze einheitlich macht, und zwar schon vom Mineralreich angefangen, ein einheitliches Wesen, das urphänomenal, urbildlich identisch ist mit dem menschlichen Haupt.

Wo ist die Einheitlichkeit gewissermaßen zu Hause? Es sind, wie wir gesehen haben, die Jahreszeitenverhältnisse der Nordhemisphäre die Träger der Einheit, nicht die der Südhemisphäre, also das, was mit dem weihnachtlichen Geschehen zusammenhängt[23], was mit dem Geschehen zusammenhängt von Weihnachten bis Ostern[24], was mit dem österlichen Geschehen zusammenhängt, was ja dann auch ganz sternenhaft kosmisch ist.[25] Das ist eine Tatsache. Indem man das sieht, kommt man zu der Frage: Wenn man sich also für die zeitliche Erscheinung der christlichen Feste zunächst nicht an den Jahreslauf hält, an was soll man sich dann halten? Daran, dass man die christlichen Feste als christologische Vorgänge, als fortwirkende Taten des Christuswesens anschaut und eben nicht als Vorgänge der Natur. Man kommt zu diesem Bild, dass in der Erde als dem zusammengesetzten Erdenreich – Mineralreich, Pflanzenreich, Tierreich, Menschenreich, Elementarreich – ein ganz anderes Reich, eine ganz andere Basileia innerhalb dieser Reiche auf eine geheimnisvolle Weise vorhanden ist. Man kann es die »Basileia ton ouranon«[26] nennen, man kann es die »Basileia tou theou«[27] nennen. Das Christuswesen selbst spricht in dem Gespräch mit Pilatus ganz eindeutig von seinem Reich, »he basileia he emé«,[28] und dieses »mein Reich« ist nicht aus dem Kosmos, wobei das Wort Kosmos im Sinne von Rudolf Frieling zu verstehen ist, der darauf hingewiesen hat: Was wir heute Kosmos nennen, das sind eben die Himmel, und was das Neue Testament Kosmos nennt, ist die Erde, diese Welt, das Malkuth, das äußere Reich der alten jüdischen Kabbala.[29] Es entsteht also die Frage: Wie sieht dieses Reich, diese »basileia he emé«, dies »mein Reich«, dieses Christusreich aus, das den Leib der Erde durchdringt?

Wenn man diese Frage hat, dann entsteht christologisch ein ganz anderer Ansatz für die Betrachtung dieses Reiches Christi in der Erde, auf der Erde. Man kann es einmal vom Kosmischen, vom Makrokosmischen her anschauen, und man kann es andererseits anschauen vom Mikrokosmischen her, das heißt von dem her, was im Mysterium von Golgatha geschehen ist in dem Träger des Christus, in dem Jesusmenschen. Das Erste, was man bedenken kann, ist der Blick auf den König dieses Reiches, das heißt aber auf das Christus-Ich, das Rudolf Steiner als das kosmische Ich bezeichnet. Wenn man dieses kosmische Ich nicht einfach nur so als Ich oder als »ego eimi«[30] empfinden möchte, sondern wenn man empfinden möchte: was ist die geistige Realität, die geistige Wirklichkeit dieses kosmischen Ich, dann ergeben sich aus der Christologie eine ganze Reihe von wunderbaren Aspekten, die zunächst ganz unterschiedlich aussehen, die aber im Grunde innerlich so identisch sind wie nur ein Ich mit sich selbst identisch sein kann.

Zunächst ist dieses Ich der Sohn, der in Ewigkeit geborene Sohn.[31] Und dieser in Ewigkeit geborene Sohn, dieses Sohnes-Ich, aus dem Vater fortwährend hervorgehend, fortwährend sich entzündend, sich bildend, ist zweitens der Pantokrator, der Schöpfergeist der Welt.[32] Und indem aus diesem Schöpfergeist des Sohnes die schaffende Tätigkeit hervorfließt, wird er eben zum Logos, ist er der Logos.[33] Und in dieser Dreiheit von Sohn, Schöpfer und Wort ist uns das innerste Zentrum dieses Ich gefühlsmäßig erreichbar. Aber das setzt sich fort. Denn dieses selbe Ich ist der tragende Weltengeist – so nennt ihn Rudolf Steiner auch einmal[34] –, dasjenige Ich, das das Leben der Welt trägt und ordnet, wie es in der Menschenweihehandlung angesprochen wird. Dieses selbe schaffende, tragende und ordnende Ich ist gleichzeitig das opfernde Ich, das Lamm[35], und zwar das Lamm inmitten der Cherubim, so wie es in der Apokalypse geschildert wird[36], das fortwährend sich opfert oder geopfert wird!

Dieses sich opfernde Wesen erscheint im Kosmos aus der Verborgenheit der alten Saturn-Entwicklung in einer Art erstem deutlichen Hervortreten auf der alten Sonne. Und da wird es zunächst in Zusammenhang gebracht mit den Elohim, mit den Exusiai, mit den Geistern der Form als das gemeinsame höhere Ich dieser sieben gewaltigen hierarchischen Wesen.[37] Gleichzeitig aber erscheint dieses Wesen als der Bruder der Luzifer, das auf der alten Sonne ein Ich-Schicksal dadurch erlebt und schafft, dass es die einzelnen

Welten-Wort-Laute der zwölf Welt-Initiatoren in sich aufnimmt und dadurch erst der Logos wird im Sinne des Zyklus »Der Mensch im Licht von Okkultismus, Theosophie und Philosophie«.[38] Jetzt erscheint dieses Ich als der Träger der Sonnenaura, das heißt also sowohl des ganzen Astralischen wie des Ätherischen der Sonne, das sich dann in der Jahve-Gottheit spiegelt, das aber gleichzeitig in sich siebenfältig ist.[39] In dem Zyklus »Die Welt der Sinne und die Welt des Geistes» (GA 134) spricht Rudolf Steiner davon, dass ursprünglich auch das Menschen-Ich von den Göttern, von den Hierarchien siebenfältig veranlagt war, durch die luziferische Einwirkung einfältig geworden ist. Aber dieses Ich ist siebenfältig[40], was ja im Johannes-Evangelium deutlich in Erscheinung tritt in den sieben Ich-bin-Worten. Wenn man die Nuancen dieser kosmischen Ich-Wesenheit etwas deutlicher in das Gefühl bekommt, merkt man, wie die fortwährende Verselbständigung dieses Wesens gleichzeitig involviert seine Verbundenheit sowohl mit dem Vaterwesen wie mit dem Geistwesen. Und in dieser Verbundenheit trägt dieses Wesen dann die Iche aller Menschen. In dem siebenfältigen, schaffenden kosmischen Ich sind die Iche aller Menschen mit enthalten, es hat sie in sich aufgenommen. Was ist die innerste Substanz dieses merkwürdigen kosmischen Ich? Nun, das ist eben die Liebe. Ich komme zum Schluss auf dieses Motiv der Liebe noch einmal zurück.

Dieses kosmische Ich hat aber auch Hüllen, und zwar Hüllen, die ihm gehören. Rudolf Steiner hat immer wieder darauf hingewiesen, wie die Elementarwesen ihre Hüllen haben, wie die Naturwesen ihre Hüllen haben, egal wie sie mit ihnen verbunden sind oder nicht, wie der Mensch seine Hüllen hat.[41] Das Christuswesen hat drei göttliche Hüllen, das kosmische Ich hat drei kosmische Hüllen: ein Atman, eine Buddhi und ein Manas. Wenn man nach dem Reich des

Christus sucht, dann kann man es zunächst in diesen drei Wesensgliedern des Christus-Ich finden.

Nun kommt bei Rudolf Steiner die bewegende Beschreibung des Erdenabstiegs. Beim Menschen muss man aufsteigen, wenn man vom Herzen zum Kopf will. Das Christuswesen steigt ab aus der Sonne auf die Erde. Rudolf Steiner weist darauf hin, dass das Atman auf der Sonne zurückbleibt.[42] Die Sonne wäre längst zur Schlacke geworden, wenn diese Atmankräfte, diese Atmansubstanzen des Christus nicht auf der Sonne geblieben wären. Wenn man bedenkt, was Atman heißt – völlig durchichte, geistig-physische Leiblichkeit –, so ist es ja der vollständig durchichte physische Leib, der aber geistig-physisch geworden ist, in dem als Gestaltungskräfte und Gestaltungsstoffe die Kräfte der Cherubim, das heißt der zwölf Inhaber des Tierkreises enthalten sind. Christus-Atman heißt: die zwölf Kräfte der Cherubim des Tierkreises, die von dort gekommen sind auf der alten Sonne, die er gewissermaßen von dort eingeholt, zusammengeholt hat, haben sein Atman gebildet. Das ist alles aus den Verborgenheiten des Saturn hervorgegangen.

Dann beschreibt Rudolf Steiner, wie der Ätherleib dieses Wesens, der aber eben Buddhi ist, sich nun von der Sonne löst und von dem kosmischen Ich heruntergetragen wird durch die Sphären der sonneninneren Planeten, Schritt für Schritt, schließlich durch die Mondsphäre bis auf die Erde.[42] Wenn man fragt, wo kommt dieses Christus-Äther-Wesen an, dann erfährt man, dass das gar nicht gleich rings um die ganze Erde hereingetragen wird, sondern dass es im Wesentlichen in dem Teil der Erde ankommt und sich dort zunächst geltend macht, wo die alte Atlantis untergegangen ist. Man kann den Gedanken haben, dass beim Untergang der Atlantis nicht nur einfach Materie versunken ist in das Wasser, sondern dass da auch irgendwie Ätherisationsprozesse stattgefunden haben, dass vieles von dem, was die alte Atlantis geologisch konfiguriert hat, ätherisiert worden ist bei dem Untergang und dass das wie eine Art Auffangschale, eine Art Auffangmöglichkeit war, um die Buddhi des Christus auf der Erde zu empfangen. Dort kommt dieses Christus-Äther-Wesen zunächst an, in dem Gebiet, wo die atlantische Menschheit gelebt hat und wo der Christus die beiden letzten vorchristlichen Taten im Zusammenspiel mit der Jesus-Wesenheit vollbracht hat: die Läuterung der Lebensorgane und die Läuterung der Seelenkräfte.

Nun löst sich das Christus-Ich auch von diesem Ätherischen, und man sieht mit einem Mal, dass die Erdenaura dieses Ätherische enthält und dass das Christus-Ich nur noch sein Manas, seine Seele, seine Seelenhülle mitnimmt, und zwar von Westen nach Osten auf der nördlichen Hemisphäre.[43] Es ist merkwürdig, dass solche rein geistig-göttlichen Vorgänge dann auch wieder im Geographischen einen gewissen, wie soll man sagen, Ankunftsort, Wirkensort, Offenbarungsort finden. Dieses Manas, kann man das Gefühl haben, wirkt eigentlich als der Inspirator der ganzen Geschichte des jüdischen Volkes, von Abraham angefangen über die Patriarchen, Moses, Elias bis zu Johannes dem Täufer, wo dann dieses ganze Manasgeschehen erdorientiert ist. Man möchte sagen, die manasische Christusseele sehnt sich nach der Erde, und der ganze geologische Charakter des jüdischen Volkes, von dem Rudolf Frieling gesprochen hat, hat in dieser Intention des Manas seinen Hintergrund.[43] Allein das Ich tritt in den Menschen ein.

Aber damit ist etwas von dem Reich Christi auf Erden bereits vorbegründet, und zwar sowohl von der Sonne herein wie auch in den Bereichen der nördlichen Hemisphäre der Erde, von den westlich-atlantischen Gebieten über Palästina bis herüber nach Asien[42],wobei Palästina auch geologisch ein Bestandteil der alten Lemuris ist. Da hinein wird nun makrokosmisch das Reich des Christus auf der Erde vorbegründet. Und in dem Moment, wo das Ich einzieht in den Menschen Jesus, ist diese Sphäre oder dieses Reich da. Eigenartig dann zu hören, dass die Wahrnehmung dieses ätherischen Teiles dieses Reiches ein Bestandteil der hibernischen Mysterien ist, dass sie zweitens übergeht in die Mysterien der Artus-Strömung und dass drittens innerhalb dieser keltischen und vorkeltischen Mysterien in dem Moment, wo sich in Palästina das Golgatha-Ereignis abspielt, die Spiegelbilder des Golgatha-Ereignisses auftreten.

Das bedeutet, dass dieses Ich zwar die Hüllen verlässt, aber dennoch in einer ganz geheimnisvollen Weise mit diesen verlassenen Hüllen in Verbindung steht, dass sie zwar abgelegt sind, dass aber das, was jetzt geschieht, das eigentliche Golgatha-Mysterium, nicht ohne Zusammenhang mit diesen Hüllen ist. Und das kann man eben an dieser Spiegelung sehen, man kann es auch sehen an der ganzen Erschütterung in Bezug auf das Manasgebiet, das eben tatsächlich im Umkreis des jüdischen Volkes in der Astralaura der Erde da ist und dort auch Erschütterungen hervorruft: in diesem Manasgebiet mehr Erschütterungen, in dem Äthergebiet im Westen die reine Abbildung. Damit ist gekennzeichnet die Entstehung des Reiches Christi auf der Erde. Und nun kommt als das Entscheidende zu diesem hinzu, dass durch das Mysterium von Golgatha diesem makrokosmisch begründeten Reich etwas hinzugefügt wird, das durch die mikrokosmische Tat – also durch das, was das Christuswesen jetzt an dem Jesuswesen und mit Hilfe des Jesuswesens vollzieht – bei der Auferstehung in dieses Reich einzieht.

Die Wirksamkeit des Christus-Ich in dem Jesus-Wesen bewirkt, dass die menschlichen Wesensglieder jetzt voll durchchristet sind. In dem Zyklus »Die Welt der Sinne und die Welt des Geistes«[44] schildert Rudolf Steiner die konstitutionelle Seite des Sündenfalls: Übergewicht des Ich über den Astralleib, Übergewicht des Astralleibes über den Ätherleib, Übergewicht des Ätherleibes über den Astralleib, Übergewicht des physischen Leibes über den Ätherleib. Und durch das Mysterium von Golgatha werden diese Übergewichte aufgehoben. Erstens: Das Ich hat kein Übergewicht mehr über den Astralleib, weil es in reiner Göttlichkeit – erfüllt mit all dem, was dieses göttliche Ich charakterisiert – dem astralischen Leibe jetzt die Möglichkeit gibt, das Gegenteil von dem zu werden, was er durch den Sündenfall geworden ist: endlich den Egoismus zu beseitigen.[45] Zweitens: Aus dem Übergewicht des Astralleibes über den Ätherleib geht ja die gesamte Ernährung des Menschen hervor. Jetzt wird die Ernährung aufgehoben, statt dessen wird dieser Astralleib selber ernährend: Speisung der Viertausend, Speisung der Fünftausend.[46] Drittens: Das Übergewicht des Ätherleibes über den Astralleib, also der Rückschlag, wird wieder aufgehoben. Der Ätherleib wird jetzt nicht mehr zum Vermittler dessen, was ihn zur Drüsentätigkeit anregt, sondern er wird zum reinen Bewahrer dessen, was der Mensch dieses Ätherleibes auf Erden tut und was als Bilder in seine Konstitution, in seine Substanzialität einzieht und dort eine Art Gedächtnisträger, Erinnerungsträger wird, der eben wieder ganz anders ist als der des gewöhnlichen Menschen.[47] Und schließlich, viertens, das Hereinwirken in den physischen Leib, das Übergewicht des physischen Leibes über den Ätherleib wird ebenfalls aufgehoben. Der physische Leib wird wieder seiner ursprünglichen Wesenheit zugeführt, und zwar der, dass eben das Phantom dieses physischen Leibes die volle Herrschaft über die Materie bekommt, weil es nicht mehr umgekehrt durch die Übergewichte, durch den zerbröckelnden Materieprozess fortwährend alteriert, ja sogar schwer beschädigt wird.[48]

Es entsteht ein neues mikrokosmisches Reich. Die Wesensglieder des Jesus werden jetzt zum Reich des Christus als Menschenkonstitution. Wenn man dann auf das eigentliche Todesgeschehen hinschaut, wo der Tod wirklich dadurch eintritt, dass die Wesensglieder sich voneinander trennen, dann kann man das sehr gut verstehen, weil sie vorher eigentlich schon getrennt waren, was wiederum zu den Ereignissen in Gethsemane geführt hat. Und jetzt am Ostermorgen: wie können diese Wesensglieder wieder zusammenkommen? Dazu musste eine bestimmte Kraft hinzutreten, eine Kraft, die das vollständige Gegenteil von dem war, was durch den Sündenfall geschehen ist, die vom Vater ausging, um diese Wesensglieder wieder zu einer einheitlichen, göttlich-menschlichen Wesenheit zu bringen: dem Auferstandenen der vierzig Tage. In ihm ist jetzt in das makrokosmisch vorbereitete Reich etwas völlig Neues eingezogen, etwas, was das göttliche Ich nur auf der Erde erringen konnte, nicht mehr im Kosmos draußen auf der Sonne oder sonst irgendwo, sondern wirklich nur im Durchgang durch die Inkarnation in einem Menschen, durch den Tod in einem Menschen und durch die totale Verwandlung der Wesensglieder dieses Menschen. Es waren die drei Jahre eine Embryonalzeit, die Auferstehung war die Geburt.[49] Jetzt ist dieses sonnenhafte Wesen geboren, und damit hat man den mikrokosmischen Aspekt des Reiches Christi als ganz neuen sonnenhaften Mittelpunkt in dem alten makrokosmischen Christusreich. Eine Art innerer Sonnenaufgang gegenüber dem äußeren Sonnenuntergang beim Verlassen der Sonne.

Nun geschieht noch etwas. Dieses von der Sonne mitgebrachte Manas, diese noch ferne, im Westen weilende Buddhi, dieses noch auf der Sonne weilende Atman werden an die Erde gebunden, und zwar nicht durch die Auferstehung, sondern durch den Tod. Rudolf Steiner beschreibt, was in dem Moment geschieht, wo das Blut auf Golgatha herunterfließt und die Aura der Erde sich verändert.[50] Es wird in das Manasische, das da im Umkreis lebt und das verbunden ist mit dem Buddhi-artigen und auch mit dem Atman-artigen auf der Sonne, jetzt hereingefügt die Verbindung mit der Erde, und zwar nicht nur durch das Blut, sondern auch durch den Leichnam.

Es gibt zwei interessante Darstellungen Rudolf Steiners. Bei der einen heißt es: die Tücher liegen deshalb so und so da, weil da etwas hinuntergegangen ist in die Erde von dem Leichnam.[51] In dem Zyklus »Von Jesus zu Christus«[52] heißt es anders: In das heile Phantom des Auferstehungsleibes wird hineingenommen durch die Transsubstantiation alles, was in der Materie des Jesusleibes Sal-Prozesse und Merkur-Prozesse sind. Und nur, was Asche-Sulfur-Prozesse sind, das geht in die Erdenkluft hinein.[53] Das heißt also, durch diesen Ascheprozess, der aus diesem unscheinbaren kleinen Menschenleib herunterfällt und in die Erde aufgesogen wird durch diese Bewegungen der Erdbeben und der Erd-Spaltungen – Bock hat das ja beschrieben[54] –, geht ein fermentum decompositionis in das Mineralreich über, und es beginnt intensiver der natürliche radioaktive Zerfall. Dadurch bekommt wiederum das Reich Christi auf Erden die Möglichkeit, das, was in dem mikrokosmischen Prozess angefangen hat, nämlich die Transsubstantiation der Stoffe, auf die Erde zu übertragen. Wir haben also den Übergang dessen, was mikrokosmisch geschehen ist, in das, was makrokosmisch vorbereitet war und umgekehrt.

Woher kam eigentlich die Kraft, diese Kraft, die das Christuswesen in die Lage versetzt hat, die Leiber zusammenzufügen? Die Christus-Wesenheit ist eingestiegen in den Bereich der Toten, in den Bereich, der als Mondenbereich unter der Erde, auf der Erde, über der Erde bis zum Mond hin das Gebiet des Kamaloka ist. Aber dieses Ich ist da nicht stehen geblieben, sondern ist wirklich eingedrungen, wie das Matthäus-Evangelium (12,40) sagt, in das Herz der Erde. Was hat er dort gefunden? In einem Gespräch mit der Gräfin Keyserlingk gelegentlich des Koberwitzer Kurses[55] gibt Rudolf Steiner ganz eindeutig Auskunft darüber, was da unten ist, nämlich Sonne, Gold. Sogar die Geologen träumen manchmal diesen Traum, dass dort irgendwo, vom Mineralreich der Erde vollständig zugedeckte und zusammengedrückte Sonnenmaterie vorhanden ist. Es ist aber nicht Sonnenmaterie im Sinne der Astrophysik vorhanden, sondern im Sinne von ätherischem Gold. Denn als das Christuswesen die Erde von der Sonne trennte – er war ja der führende Geist bei dieser Sonnentrennung –, da hat er auf die Sonne Erde mitgenommen, nämlich Luft. So dass er auf der Sonne mit etwas Erde gelebt hat die ganzen Jahrtausende und Aberjahrtausende, auch durch die ganze Mondenentwicklung hindurch, auch durch die Erdentwicklung hindurch.[56] Und in der Erde hat er Sonne zurückgelassen. Jetzt findet er sie wieder.

Das Land »Schamballa«, von dem Rudolf Steiner spricht, ist dasjenige Reich unter der Erde, das die Eingeweihten aufsuchen müssen innerlich, geistig, durch Einweihung, um Kraft zu bekommen für ihr Wirken.[57] Das »niedergefahren zur Hölle« ist eben wirklich nur ein Verlegenheitsausdruck für das Hineingeschrieben-Sein in das Herz der Erde, in den Mittelpunkt der Erde, dort wo die Iche der Pflanzen leben, wo aber gleichzeitig auch die Hochburg der Zerstörungswesen ist im Sinne der neun unterirdischen Bereiche, wie es zum Beispiel in dem Zyklus »Vor dem Tore der Theosophie«[58] entwickelt ist. Aber da ist Sonne, und an diesen Sonnenbereich im Erdinnern schließt jetzt das Christuswesen das von der Sonne mitgebrachte Reich (Atman) an, und es entsteht durch die mineralische Erde hindurch eine Verbindung zwischen dem Erdinneren, dem Erdmittelpunkt und der Sonne da draußen. Dadurch ist die Tatsache vorbereitet, dass die Sonne einmal sich mit der Erde wieder verbinden wird, was aber bedeutet, dass damit die Voraussetzungen da sind, dass der Erdorganismus selber in dem Maße, wie er sich vergeistigt und ätherisiert, astralisiert werden wird, durch den Erdmittelpunkt hindurchgehen wird, um dann im Kosmos draußen zu erscheinen – wiederum eine Angabe von Rudolf Steiner.[59]

Wir dürfen den Christus nicht in der Natur suchen, sondern wir müssen ihn suchen in seinem eigenen Reich, das die Natur durchdringt. Man kann da wieder die Frage haben: Wie durchdringt dieses Reich die Natur? Ich habe einmal versucht, diese Durchdringung ein wenig verständlich zu machen in den Vorträgen über die Himmelfahrt[60], und darauf hingedeutet, dass es die Zwischenbereiche, die Zwischengebiete sind, wo dann dieses makrokosmische und mikrokosmische Reich lebt. So kann man zunächst auch die christlichen Feste innerlich unabhängig vom Jahreslauf, rein aus dem heraus erleben und begründen, was aus diesem Reich kommt und was aus diesem Reich den Bau der Erde durchdringt, was aus diesem Reich auch in das Jahreslaufgeschehen hereinwirkt. Denn, so Rudolf Steiner, das Überzeitliche ist gar nicht so weit weg vom Zeitlichen, weil es sich jederzeit darin manifestieren, offenbaren kann.[61]

Jetzt sieht man, es kann doch gar nicht anders sein, als dass das für die Erde einheitlich ist. Man kann wirklich nicht das Gewand zerteilen, sondern man muss im Gegenteil sich fragen, wo liegt die höhere Einheit in der Polarität der Jahreslaufprozesse in den beiden Hemisphären – schon in der

Natur, im irdischen Bereich? Was bedeutet es, dass das, was aus diesem Christusreich in das Zeitgeschehen hereinwirkt – und dadurch immer wieder ein Überzeitliches zeitlich wird, um im nächsten Moment wieder überzeitlich zu sein –, dass dieses Zeitlich-Werden an *den* Bereich der Erde angeschlossen ist, in dem auch die Vorbereitung des makrokosmischen Gebietes (Buddhi) dieses Reiches stattgefunden hat: zwischen Asien und Amerika, also auf der Nordhemisphäre?[62]

Daran schließt sich die nächste Frage: was bedeutet das für die Südhemisphäre, und wie kann man den Zusammenhang, das Zusammenspiel finden?

Zum Schluss darf ich vielleicht eine persönliche Bemerkung anfügen. Ich habe die letzten fünfundzwanzig Jahre die Erde bereist, immer mit der Frage: wie ist es hier und da und dort mit dem Hereinwirken der Christussphäre in die konkrete geographische Situation, etwa von Südamerika oder von Nordamerika oder von den Inseln im Pazifik oder von der ganzen Kette der Gebirge von Chile bis nach Alaska hinauf? Und wenn man mit dieser Frage lebt, was aus der Christussphäre fortwährend in das zeitlich und räumlich Geographische hereinspielt, dann kann man das eigentlich gar nicht anders denken, als dass der Mittelpunkt dieses Geschehens nach wie vor der Bereich ist, in dem auch das Mysterium von Golgatha sich abgespielt hat. Dann kann man daran denken, dass es achthundert Jahre gedauert hat, bis das von Osten nach Westen – in dem Blut der Märtyrer, übergegangen vom jüdischen Volk auf die Märtyrer, auf das neu auserwählte Volk – dort angekommen ist, wo über den Gebirgen Mitteleuropas dieses Manas sich mit der Buddhi wieder vereinigt hat: Neuntes Jahrhundert! Und nun ist es wie eine Art Ergänzung zu dem, was im Erdmittelpunkt durch den Erdenabstieg veranlagt wird, dass jetzt in dem Umkreis der Erde die Gralstatsachen voll da waren, dass jetzt nicht mehr das Spiegelbild in dem Ätherischen da war (Buddhi), sondern die Erfüllung dieses Ätherbereiches mit dem Gralsmysterium, mit dem, was eben durch die Jesus-Wesenheit, durch den auferstandenen Jesus hereingewoben worden ist in die Erdenaura.[62]

So kann man das Jahreslaufleben des Christus, das heißt das Leben des Christus in seinem Reich verstehen als das Zusammenwirken dessen, was er aus dem Kosmos mitgebracht hat und was er durch das Mysterium von Golgatha hineingebracht hat in dieses Reich, dass das sich abspielt zwischen dem Erdmittelpunkt und der Sonne. Wir dürfen drei ganz verschiedene Imaginationen für den Christus entwickeln. Die eine ist die, dass der ätherische Christus uns erscheint in Menschengestalt, das ist der Tröster. Das ist der, der jeder einzelnen Menschenseele ganz nahe ist und das Herz bewegt, das Blut anders strömen lässt, den Atem anders strömen lässt, ganz nah, der Geist der Erdennähe.[63] Wir können aber auch eine ganz andere Imagination entwickeln, die sich anschließt an eine Mitteilung Rudolf Steiners: »Mit der Erscheinung des Christus war das gegeben, dass in die Verstandesseele heraufströmen konnte der Impuls der Liebe und daher die Vergeistigung der Liebe ... Auch bei der Inkarnation des Christus müssen wir die Frage stellen, dass da drei Leiber sind, in die hinein der Christus sich drei Jahre hindurch inkarniert hat. Allerdings wandelte der Christus in Menschengestalt auf der Erde. Aber in dem, was gesehen werden konnte, ist ja nur der kleinste Teil von dem, was der Christus wirklich war. Der Christus hat sich ja von der Sonne aus der Erde genähert. Wir müssen uns das nicht materialistisch-räumlich, sondern als geistigen Vorgang denken. Die Sache ist so, dass der Christus sich nähert der Erde und ergreift die Gestalt des Jesus von Nazareth in einem Punkte. Es ist etwa so zu denken, dass die mächtige Gestalt des Christus von der Sonne bis zur Erde reicht und die Gestalt des Jesus von Nazareth ergreift und darin wie ein Kern ist, wie ein Kern eines Kometen. Er bleibt auf der Sonne, erfasst die Gestalt des Jesus von Nazareth mit seinem Wesen und ergreift auch die Erde mit seinem Wesen.«[64] Wir empfinden die riesengroße Imagination des Christus, vom Erdmittelpunkt bis zur Sonne!

Auf der einen Seite also die zarte menschliche Inkarnation, das, was man gemeinhin die Erscheinung des Christus im Ätherischen für einen Menschen, für eine Menschengemeinschaft nennt, der Tröster, ganz nahe; auf der anderen Seite diese kosmische Dimension von der Sonne bis zum Erdmittelpunkt. Und in der Mitte dazwischen die dritte Imagination, der Genius der Menschheit[65], der Herr der Gemeinde (Matthäus 16,18).

Christliche Feste und Jahreszeiten

Das Goethe'sche Motto heißt: »Dich im Unendlichen zu finden, musst unterscheiden und dann verbinden.«[66] Wir haben also versucht, für die Erde zu unterscheiden zwischen dem, was differenzierte Organisation ist, und dem, was nicht nur in der Gestalt, in der Konfiguration, sondern sogar auch im Jahreslaufgeschehen Einheitliches ist, was die Erde zur Einheit macht. Nicht nur in der Geologie (Tetraeder, Ei, Haupt, Sphären), sondern auch in der Meteorologie gibt es solche einheitlichen Elemente.[67]

Wie wir gesehen haben, ist aber das Christologische zunächst einmal vom Geologisch-Meteorologischen zu unterscheiden, also wirklich davon abzutrennen.

Das Reich des Christus hat sich mit der Erde dadurch verbunden, dass die Opfertat auf Golgatha vollzogen ist und durch das Hinopfern des Leibes und des Blutes an die Erde die Beziehung dieses Reiches zur Erde hergestellt wird. Dadurch verbindet es sich nun mit dem Leben der Erde, das heißt aber auch mit dem Jahreslauf. Man darf aber nicht denken, dass der Jahreslauf das Primäre ist, sondern das Primäre ist diese Reichsgründung, diese Bereichsgründung, und in der geschieht der christologische Jahresprozess. Das Christuswesen lebt in und mit seinem Reich, aber dann wieder so, dass das, was in diesem seinem Reich und aus diesem seinen Reich heraus geschieht, sich zunächst auf jeden einzelnen Menschen, dann auf die Menschheit im Ganzen bezieht – denn im Grunde ist ja die ganze Menschheit zur Gemeinde berufen – und dann auf das Verhältnis Erde – Sonne, Sonne – Erde, auf das Planetensystem.[68]

Was ist nun der reale Hintergrund für unsere christlichen Feste? Das ist eben nicht der Jahreslauf, sondern es ist das, was durch den Christus in seinem Reich geschieht, das heißt aber durch die Art und Weise, wie er darin lebt. Man könnte auch sagen, wenn man es bildhaft verstehen will, wie er selbst in diesem seinem Reich, aber dann in Verbindung mit dem Leben der Erde sich bewegt und dadurch innerhalb seines eigenen Reiches – vereinfacht gesagt – die beiden Grundzustände herbeiführt: den winterlichen Zustand und den sommerlichen Zustand. Wobei der winterliche Zustand darin besteht, dass er innerhalb dieses seines Reiches die ganze Erde bis zu ihrem sonnengoldenen Mittelpunkt hin betritt, dass er gewissermaßen in das Gebiet seines Reiches, das nunmehr mit der Erde verbunden ist, hineinwill, sich hineindenkt, hineinfühlt. Man darf es sich natürlich nicht äußerlich materialistisch-räumlich vorstellen, sondern immer wieder als geistige Vorgänge.[69]

Dieses weihnachtliche Geschehen, die weihnachtliche Christustat, ist eine Art Grunderneuerung des Mysteriums von Golgatha, die jedes Jahr stattfindet: wenn die Erde eingeatmet hat auf der Nordhemisphäre, wirkt in diesen eingeatmeten Astralleib der Nordhemisphäre das Reich Christi so herein, dass es sich innerlich sonnenhaft mit dem Erdinneren, mit dem Erdmittelpunkt durchdringt und dadurch in das ganze Leben des Erdorganismus von dieser Seite her etwas einstrahlt, durchstrahlt.[70] Nun darf man aber diesen Vorgang nicht allein auf die Jahres-Erdverhältnisse der Nordhalbkugel beziehen. Denn gleichzeitig, während für die Nordhemisphäre Winterzustand der Erde ist und das Christuswesen diesen Vorgang vollzieht – »Er hat den Erdenleib erkoren, in dem er wohnen mag«[71] –, ist auf der anderen Seite der Erde der Astralleib der Erde ausgeatmet, zur Sonne hin gerichtet. Das bedeutet aber, dass dieses kometenartige Gebilde mehr kopfig wird auf der Nordhemisphäre und auf der Südhemisphäre sommerlich ausstrahlt zur Sonne hin; auf dem Umweg durch die Südhemisphäre wird die Verbindung mit der Sonne hergestellt, so dass wir also die Christussonne des weihnachtlichen Christuswesens auf die ganze Erde beziehen und nicht nur auf die Nordhemisphäre, wo es ja zunächst naheliegt, weil da die Erde eingeatmet hat.

Wenn man rein stimmungsmäßig mit den Jahresfesten und den christologischen Vorgängen des Jahreslaufes mitlebt, immer stark an die eigene Erdhemisphäre gebunden, ist es nicht leicht, dieses neue Gefühl für den Weihnachtszustand der ganzen Erde zu bekommen. Man hat es etwas leichter in dem Moment, wenn man sich daran erinnert, dass, wenn auf der Nordhemisphäre Weihnachten ist, das Bewusstsein der sieben Iche der Pflanzen des ganzen Pflanzenreiches sich mit dem einheitlichen Sternenbewusstsein der gesamten mineralischen Welt der Erde identifiziert.[72] Und dies ist der tellurisch-geologische Hintergrund für das Gefühl, das man allmählich entwickeln darf, dass Weihnachten eben für die ganze Erde Weihnachten ist.

Und dann kann man den anderen Grundzustand betrachten, in den – möchte ich sagen – sich das Christuswesen begibt, wenn es nun, aber immer innerhalb seines eigenen Reiches, aus der Nordhemisphäre aussteigt im Sinne des Jahreslaufzyklus und dann hinausströmt in den sonnendurchwobenen Umkreis der Erde, also Johanni: diesem entspricht wiederum auf der Südhemisphäre der Winterzustand. Das ist eine Einheit, dass das Christuswesen auf der Südhemisphäre den dortigen Winterzustand einbezieht in den Sommerzustand der Erde auf der Nordhemisphäre.

Wir sind stark gewohnt, aus dem Nordhemisphären-Jahreslauf die Bilder und die Gleichnisse, auch unseres religiösen Lebens, zu holen, und das ist ja auch richtig. In den äußeren Bildern bildet sich ja das ab, was geistig geschieht, aber es sind eben doch nur Bilder. Aber das geistige Geschehen, das wirkliche Christusgeschehen ist nicht an die Nordhemisphäre gebunden, sondern bezieht sich auf die ganze Erde. Diese Empfindung allmählich zu entwickeln, ist unsere Aufgabe für die Zukunft.

Die Schwierigkeit liegt vielleicht nicht dort, wo man lernen kann zu versuchen, Weihnachten, Ostern, Johanni und Michaeli in der Gesamtheit des Christusreiches sich abspielend und auf die Erde sich in dieser polarischen Weise beziehend zu denken, zu empfinden, innerlich nachzuerleben – also das, was das Christuswesen selber tut –, sondern vielleicht darin, wenn man auf der anderen Seite auch sich bewusst macht, dass die Erde nicht nur die Erdkugel ist mit ihren unmittelbaren Hüllen, sondern dass die Erde in Wirklichkeit so groß ist wie die Bahn, die sie um die Sonne fährt.[73] Das gehört zu den wichtigsten Erkenntnissen der Geisteswissenschaft, dass die Planeten als physische Gebilde gewissermaßen nur eine physische Raumaussparung sind um den eigentlichen Planeten, dass der eigentliche Planet aber so groß ist wie seine Bahn um die Sonne. So kann man auch hier sehen: das Herz, das zu dem Haupt gehört, ist innerhalb dieses Wesens darin. Das Haupt hat seinen eigenen ätherischen und astralischen Bereich, aber es geht von ihm auch das andere aus: das was die Sonne einbezieht, was um die Sonne herum Erde ist, so dass man von da aus wieder etwas besser begreifen kann, was Rudolf Steiner meint, wenn er sagt: Das kosmische Bild für das Christuswesen reicht wirklich vom Erdmittelpunkt bis zur Sonne, und »Erde« ist jetzt das Ganze.

Die Schwierigkeit entsteht auch dort, wo nun auf der anderen Seite Rudolf Steiner nicht müde geworden ist, das Zusammenleben mit dem äußeren Jahreslauf als für den Menschen wichtig hinzustellen. Und da ist es besonders wichtig, sich mit dem Problem der Wochensprüche[74] zu beschäftigen. Im Vorwort zum »Seelenkalender« von 1912 wird zu den Wochensprüchen gesagt: »Was die große Welt im Zeitenlaufe offenbart, entspricht einem Pendelschlage des Menschenwesens, der nicht im Elemente der Zeit abläuft. Es kann vielmehr fühlen der Mensch sein an die Sinne und ihre Wahrnehmungen hingegebenes Wesen als entsprechend der licht- und wärmedurchwobenen Sommernatur. Das Gegründetsein in sich selber und das Leben in der eigenen Gedanken- und Willenswelt kann er empfinden als Winterdasein. So wird bei ihm zum Rhythmus von Außen- und Innenleben, was in der Natur in der Zeiten Wechselfolge als Sommer und Winter sich darstellt. Es können ihm aber große Geheimnisse des Daseins aufgehen, wenn er seinen zeitlosen Wahrnehmungs- und Gedankenrhythmus in entsprechender Weise zum Zeitenrhythmus der Natur bringt« – aber nicht damit identifiziert! Wie aber bringt man den eigenen zeitlosen Rhythmus der beiden verschiedenen menschlichen Grundzustände – Wahrnehmen auf der einen Seite und Denken und Wollen auf der anderen Seite – in Beziehung? Man muss tatsächlich am äußeren Naturlauf anknüpfen.

Und deshalb halte ich es für selbstverständlich, dass die Wochensprüche auf der Südhalbkugel angeregt werden müssen durch das, was der Jahreslauf dort tut. Fred Poeppig hat Rudolf Steiner im Juli 1923 gefragt, wie das mit den Wochensprüchen steht, und die Antwort soll gewesen sein: Ja, man muss sie auf der Südhemisphäre umgekehrt halten.[75] Wenn man die Wochensprüche noch einmal genauer anschaut, dann ist es ein bisschen anders, denn das Mitleben mit den Wochensprüchen ist ja nur anregungsweise, mitempfindungsweise, mitgefühlsweise an die äußeren Naturprozesse angebunden. Es fordert aber jeder dieser Wochensprüche, wenn man ihn richtig anschaut, den innermenschlichen Gegenschlag, entweder so, dass zu dem, was durch das Jahreszeitengeschehen unmittelbar angeregt wird, innerlich etwas hinzugefügt wird, oder so, dass sogar das Gegenteil hinzugefügt wird. Ich denke an einen solchen Spruch wie den: »Der Winter wird in mir den Seelensommer wecken.« Die ganzen Wochensprüche sind von diesem Element durchzogen, so dass man auch hier wieder sehen kann: ein vollständiger Anschluss an den Jahreslauf des betreffenden Erdgebietes ist durch die Wochensprüche nicht gegeben.

Nun kann man fragen: wie sehen eigentlich die Beziehungen zwischen dem Menschen und dem Jahreslauf aus? Und da ist es zunächst einmal überraschend, dass Rudolf Steiner sagt, dass der Mensch als Naturwesen, nicht als geistiges Wesen, in seinen beiden Wesensgliedern Ätherleib und Astralleib den Jahreslauf der Erde mitmacht, richtiggehend mitmacht.[76] So dass es also so etwas gibt wie einen Sommerzustand und einen Winterzustand des Ätherleibes im Jahreslauf. Gerade zu den vier Elementen wird man geführt, wenn man das Wogende, Webende betrachtet, in dem aus dem Irdisch-Ätherischen das Menschlich-Ätherische angeregt wird. Das menschliche Ätherische ist eingesponnen, und nur, wenn man dieses Ätherische verfolgt, versteht man den Erdenkreislauf des webenden Daseins, versteht man Frühling, Sommer, Herbst und Winter, denen in ihrer Verwandlung zugrunde liegt das Ätherwirken der Erde, nicht bloß das physische Wirken der Erde. In dieses Ätherweben der Erde ist eingesponnen der menschliche Ätherleib, so dass man ihn gewissermaßen eingewurzelt findet im Irdischen.

Nun gehen wir weiter zum astralischen Leib des Menschen, der der eigentliche Träger des Denkens, Fühlens und Wollens im Menschen ist, und können wiederum den Menschen nicht abgesondert betrachten, sondern müssen dann ebenso das Astralische eingliedern in dasjenige, was nun schon in seiner geistigen Art dem Gang und der Stellung der Sterne zugrunde liegt.[77] Das Astralische des Menschen ist der Ausdruck der kosmischen astralen Verhältnisse. Es lebt unser Ätherleib, unser Astralleib mit Frühling, Sommer, Herbst und Winter mit, und zwar dort, wo wir uns gerade befinden, entweder auf der Nordhemisphäre oder auf der Südhemisphäre.

Man muss also unterscheiden zwischen dem Mitleben des Jahreslaufes durch unsere Wesensglieder und dem Miterleben durch die Wochensprüche. Und ich möchte das ganz besonders betonen, denn in den Wochensprüchen ist nicht nur ein Miterleben und Mitleben, sondern auch ein Gegenleben, ein Ergänzungsleben enthalten gegenüber dem, was im Naturverlauf sich abspielt. Man kann also sagen, hier ist das Problem einfach. Die Wochensprüche wirken so, und mir scheint, dass Rudolf Steiner dies bestätigt hat, dass man sie eben entsprechend dem faktischen Jahreslauf meditieren soll.

Das zweite Problem betrifft die Wirksamkeit der Erzengel, also die sogenannten Erzengelimaginationen.[78] Man kommt allzu leicht dazu, zunächst einmal wieder jahreszeitengemäß, nach den Hemisphären getrennt, zu sagen: wenn auf der Nordhemisphäre Uriel oben ist, dann wirkt Gabriel auf der anderen Seite durch die Erde hindurch, und wenn Gabriel oben wirkt, dann wirkt Uriel durch die Erde hindurch.[79] Aber wenn man genau hinschaut, sieht man, dass die Erzengelimaginationen abgeleitet sind aus dem Jahreslaufleben der mineralischen Welt. Die mineralische Alchimie ist die Grundlage für die Entfaltung der Tätigkeit der Erzengel und aus ihr heraus für die Bildung der kosmischen Imaginationen. Also im Winter, wenn Gabriel in den Höhen waltet, dann findet in den Tiefen der Erde dieser merkwürdige Prozess der Differenzierung der hauptsächlichen Tätigkeiten von Salz, Wasser, Asche statt, und indem die Gabriel-Wesenheit auf diese Tätigkeit hinwirkt, entsteht aus dem Naturverlauf ein moralischer Prozess. In Anlehnung an den Naturprozess entfaltet sich die Imagination, die eine Imagination der Gebärungskräfte, also der Mutter mit den Sternen, mit der Sonne und dem Mond ist.

Wenn man auf das Frühjahr hinschaut, sieht man, dass es sich um den Kalkprozess und um den Kohlensäureprozess handelt. Und mit dem Kalk- und Kohlensäureprozess ist wiederum verbunden auf der einen Seite Ahriman, auf der anderen Seite Luzifer, und dann tritt die vermittelnde Wesenheit des Raphael aus den Höhen herab in diesen Prozess und verwandelt ihn in ein moralisches Geschehen; also Naturverlauf wird Moralverlauf und belehrt. Aber nicht nur dies, sondern es ergibt sich daraus die Imagination des Christus zwischen Luzifer und Ahriman und weiterhin das Verhältnis zwischen Sommer – Uriel und Herbst – Michael. Es sind aber die feinen mineralischen Prozesse, Geistwirken im Stoffwirken, Stoffwirken im Geistwirken im mineralischen Bereich, aus denen sich diese merkwürdigen kosmischen Imaginationen entfalten. Und wenn man wiederum genau nachprüft, dann findet man, dass Rudolf Steiner das sehr deutlich unterscheidet: dort, wo die betreffenden Erzengel in der Höhe wirken, stehen sie ganz und gar im Naturverlauf: »Und sehen Sie, so wie Uriel zur Hochsommerzeit in der Natur wirkt, wie er zur Winterzeit im Menschenkopfe wirkt, so dass der Mensch wirklich auch in dieser Beziehung ein Mikrokosmos gegenüber dem Makrokosmos ist – wir verstehen den Menschen nur, wenn wir ihn nicht bloß natürlich, sondern geistig in die Welt hineinstellen –, so, wie wir da verfolgen die von Uriel ausstrahlenden, im Menschen durch den Jahreslauf einströmenden Kräfte, so müssen wir dasselbe zum Beispiel von Raphael sagen, der seine Kräfte einströmen lässt während des Frühlings in die Naturkräfte ...«[80] Und erst im Herbst, wenn er von der anderen Seite der Erde her wirkt, in das Geistige des Menschen.

Also muss man wieder zwischen den beiden Hemisphären unterscheiden, denn die Imagination entsteht zwar immer dann, wenn der betreffende Erzengel in den Naturkräften wirkt, aber er wirkt als moralische Wesenheit, zum Beispiel Uriel als Begründer des historischen Gewissens in der Johannizeit. Es geht sofort aus dem Naturvorgang in den moralischen Vorgang über, aber von der Natur her gewissermaßen. Und man kann sagen: ja, man kann von der Natur her – und das beruht ja darauf, dass die Erzengel um die Erde herumwandern und dann von der anderen Seite her wirken, und zwar von jenseits der Erde durch die Erde hindurch an der Seite des Menschen – auch das Moralische verstehen.

Man muss allerdings darauf aufmerksam machen, dass Rudolf Steiner in dem Jahreszeitenzyklus[81] den Weg des Michael anders beschreibt: Michael hat sein Strahlenkleid verbraucht in dem Kampf gegen Ahriman im Herbst und Winter, das Christuswesen steigt aus den Erdentiefen auf im Frühling, nimmt Michael mit, damit dieser im Frühling und im Sommer in den Weltenhöhen durch das Gold, das da entsteht, sein Gewand wieder herstellt. Gleichzeitig aber heißt es für die Michaelimagination, dass Michael im Frühling auf der anderen Seite der Erde steht und von unten als das Gegenwesen in die Raphael-Wirksamkeit der Frühlingshöhen hereinspielt und im Menschen die Handlungskräfte bewirkt.[82] Auf der einen Seite ist also der Michael jenseits der Erde auf der Südhemisphäre von unten her wirkend, auf der anderen Seite steigt er in der Nordhemisphäre mit dem heraufsteigenden Christus in die Höhe. Man bemerkt solche Dinge zunächst immer nicht, weil man so mit dem augenblicklichen Beschreiben eines solchen Vorganges mitlebt. An der Michael-Wesenheit hat es Rudolf Steiner gezeigt. Man kann die stille Frage haben: wie ist es mit den drei anderen? Vielleicht ebenso. So sieht man, dass in den Erzengel-Imaginationen der Anschluss an die Jahreszeiten der verschiedenen Hemisphären nicht so einfach ist wie bei den Wochensprüchen.

Das Entscheidende finden wir vor allem in dem Zyklus »Das Verhältnis der Sternenwelt zum Menschen und des Menschen zur Sternenwelt« (GA 219, Vortrag 29.12.1922). Und dann gibt es diese großartige Auseinandersetzung mit dem, was nun wirklich im Menschen Jahreszeiten sind. Zunächst hat man hier wiederum einen gewissen Erkenntniskonflikt. Auf der einen Seite lebt der Ätherleib mit dem Jahreslauf der Erde und der Astralleib mit dem Jahreslauf in den Sternenwelten auf der betreffenden Hemisphäre. Auf der anderen Seite aber ist im Menschen in Wahrheit der Wechsel von Sommer und Winter, Tag und Nacht. Wenn der Mensch wacht, dann ist im physischen und ätherischen Leib Winter und im Astralleib und im Ich Sommer, weil sie hingegeben sind dem eigenen Denken nach innen und der Wahrnehmungswelt nach außen. Im Schlafzustand ist es umgekehrt, im physischen und im Ätherleib Sommer und im Astralleib und Ich Winter.[83] Die Konsequenz daraus ist in den beiden Vorträgen, die sich mit der kosmischen Kommunion beschäftigen, sehr deutlich enthalten.[84] Da heißt es nämlich im ersten: Wenn du in den Menschen hineinschaust, dann musst du zusammenklingend empfinden dasjenige, was im Zeitenlauf nur als einzelne Töne empfunden werden kann. Entwickelst du das geistige Ohr, so klingen im Menschen zusammen in einem Augenblicke die Sommer- und die Wintertöne, die man draußen in der Welt hört, wenn man in den Zeitenlauf hinausschaut. Die Zeit wird zum Raum im Menschen. Und im zweiten Vortrag heißt es: Auf irgendeinem Erdengebiete kann nur dadurch Winter sein, dass nicht gleichzeitig Sommer ist. Sonst würde der Sommer den Winter in einen Gleichgewichtszustand bringen, das heißt, es wäre kein Sommer und kein Winter da, sondern ein Gleichgewichtszustand. So ist es aber wirklich im Menschen. Der Mensch ist in sich ein Stück Natur, aber weil die Naturwirkungen im menschlichen Organismus einander entgegengesetzt gerichtet sind, heben sie sich auf, und der Mensch ist so, wie wenn er gar nicht Natur wäre. Dadurch ist der Mensch aber ein freies Wesen.

So löst man sich langsam wieder von dieser einen Seite, wo man verbunden ist und sich verbinden will mit dem äußeren Naturverlauf, je nachdem, wo man wohnt. Gleichzeitig aber sieht man, dass dieses Verbunden-Sein nur teilweise existenziell ist, nämlich im Leben von Ätherleib und Astralleib mit dem Jahreslauf der betreffenden Wohngegend, und dass, wie gesagt, in den Wochensprüchen und noch mehr in den Erzengelimaginationen allmählich eine Loslösung davon erfolgt.

Darüber hat Rudolf Steiner vor Norwegern gesprochen, also Menschen, die von Natur aus viel stärker im Jahreslauf leben als wir in Mitteleuropa. In dem Zyklus »Menschenwesen, Menschenschicksal und Weltentwickelung« (GA 226, Vortrag vom 21.5.1923) ist das Hemisphärenproblem eindeutig ausgesprochen: In alten Zeiten »erlebte der Mensch den Jahreslauf so mit, dass er dann, wenn er der Erdenseele gegen die Frühlingszeit hin folgte und gegen die Johannizeit in den Kosmos hinaus, dass er jedes Jahr durch dieses Folgen auch den geistigen Wesenheiten der höheren Hierarchien nachfolgen lernte und namentlich den toten Seelen ... so, dass die Menschen sich bewusst waren, dass, wenn sie den Jahreslauf miterleben, sie dann lernen, den toten Seelen nachzufolgen, gewissermaßen nachzuschauen lernten, wie es ihren Verstorbenen geht. Und die Menschen fühlten: der Frühling bringt ihnen nicht nur die ersten Blüten, der Frühling bringt ihnen auch die Möglichkeit, nachzuschauen bei ihren Toten, wie es diesen Toten geht. Es war etwas Geistiges mit dem Erleben des Jahreslaufes ganz konkret verbunden. Das ist durch die Entwickelung der Menschheit auf Erden anders geworden. Die Menschen können jetzt nicht mehr mit dem Jahreslauf gehen. Warum ist dieses? Eine sehr einfache Betrachtung wird Ihnen das zeigen. In alten Zeiten haben die Menschen wirklich sehr viel auf das gegeben, was mit dem Irdischen, insofern das Irdische von den Sternen abhängt, zusammenhängt. Daraus sind die Menschen herausgewachsen. Denken Sie doch nur einmal, wenn wir hier Johanni haben, wenn es sich hier also darum handelt, dass unsere Seelen folgen können der Erdenseele, die herausgeht, sich mit den Sternen verbindet, so haben die Antipoden, die Gegenfüßler, ihr Weihnachten. Da zieht sich die Erdenseele auf der anderen Seite in die Erde hinein zurück. Sie müssen nur bedenken, in den alten spirituellen Zeiten wusste man so wenig von den Gegenfüßlern, dass man die Erde als eine Scheibe vorgestellt hat, dass man gar nicht dazu gekommen war, die Erde überhaupt rund vorzustellen, also dieses ganze Verhältnis zu den Gegenfüßlern zu haben. Die Menschheit rückt wirklich weiter in ihrem Bewusstsein. Das ganze Verhältnis zur Erde hat sich eben dadurch geändert, dass für die Erdenmenschheit die Erde rund geworden ist. Jetzt fühlt auch die Menschenseele, während im Norden die Erdenseele zu den Sternen hinausgeht, gewissermaßen sich zeigt für die geistige Anschauung wie ein Kometenschwanz, der nach dem Himmel hinaus sich zieht, zieht sich auf der anderen Seite die Erdenseele zurück in die Erde, und es ist Weihnacht. Und wiederum umgekehrt, wenn hier die Erdenseele sich zurückzieht, streckt sich auf der andern Seite der Kometenschweif in den Kosmos hinaus. Das ist gleichzeitig. Indem der Mensch dazu gekommen ist, die Rundung der Erde zu fühlen, wurde er zugleich von dem Jahreslauf unabhängig. Solange er innerhalb seiner Gegend, seiner Lokalität gelebt hat, war für ihn der Jahreslauf etwas Absolutes. Heute, wo der Mensch sich nichts mehr daraus macht, über die Erde zu reisen, fortwährend dadurch, dass er in andere Lokalitäten kommt, die Erlebnisse des Jahreslaufes zu beeinträchtigen, kann der Mensch durch dasjenige, was er äußerlich hat, nicht mehr den Jahreslauf miterleben ... Wir können heute nicht Feste aus vollem Verständnis des Jahreslaufes heraus haben. Wir müssten, so wie wir Hunger und Durst an unserem physischen Leibe miterleben, das Ein- und Ausatmen der Erdenseele auf der einen Seite der Erde immer miterleben; auf der anderen Seite ist es eben entgegengesetzt. Der Mensch ist nicht nur persönlich für sich ein Ich-Wesen, ein freies Wesen geworden, sondern die Erde selber hat sich emanzipiert aus dem Weltenraume. Die Erde selber steht in der neuesten Zeit nicht mehr in so inniger Beziehung zu dem Weltenraume, wenigstens für die Menschheitsentwickelung, wie es in den alten Zeiten der Fall war. Und so ist der Mensch immer mehr und mehr darauf angewiesen worden, in seinem Inneren dasjenige zu suchen, was er außen nicht finden kann. Dazu wird auch die Wissenschaft helfen.«

Wir haben es also auf der einen Seite zu tun mit den Naturgesetzmäßigkeiten des Jahreslaufes. Das sind Naturnotwendigkeiten. In diese Naturnotwendigkeiten ist der Mensch bis zu einem gewissen Grade eingespannt. Indem er aber nicht mehr nur in seinem Klimabereich lebt, sondern die Möglichkeit hat, die ganze Erde zu erfassen, entwickelt er ein ganz anderes Gefühl auch zu den Jahreszeiten seines lokalen Gebietes, nämlich eben nicht ein lokales, sondern er sieht die Jahreszeiten in einem bestimmten Gebiet nur als relativ vollständigen Teilvorgang, der aber zu dem anderen Teilvorgang dazugehört; und erst das Ganze bildet den Jahreslauf der Erde. Und in diesen Jahreslauf der Erde mit seinen naturnotwendigen Polaritäten webt sich ein das, was das Christuswesen in seinem Reich, das vom Erdmittelpunkt bis zur Sonne reicht, dann von sich aus tut, um die beiden großen Grundzustände seines Mitlebens mit der Erde herbeizuführen: den Weihnachtszustand und den Johannizustand.

Der Weihnachtszustand ist für die ganze Erde einheitlich gleichbedeutend, obwohl äußerlich die Polarität erscheint. Aber diese Polarität ist notwendig. Das Christuswesen ist in der Nordhemisphäre eingedrungen bis zum Mittelpunkt der Erde und hält auf der anderen Seite die Beziehung zur Sonne aufrecht. ER geht zur Sonne und verlässt die Erde nicht, ER geht zur Erde und verlässt die Sonne nicht. Man kann es fühlen lernen, indem man sich immer mehr und mehr mit der Erde als gesamtem geistigen Wesen in dieser Art verbindet.

Die Natur lebt aus Notwendigkeiten und Gesetzen, und die beiden polaren Prozesse gehen auseinander. Der Sommerprozess wird durch die Sommerastralität der Erde verstärkt, der Winterprozess wird durch die Winterastralität verstärkt. Beim Menschen ist der eigentliche Jahreslauf der Tageslauf, es ist die Gleichzeitigkeit, das Gleichgewicht, der Ausgleich der Polarität, die Durchdringung, die Neutralisierung – er ist ein freies Wesen! In dem Christuswesen webt das Jahresgeschehen so, dass er aus sich, aus seinem göttlichen Ich heraus sein Leben mit dem Gesamtleben der Erde so verbindet, dass in ihm die Jahreszeiten nicht nur im Gleichgewicht sind wie beim Menschen als Grundlage der Freiheit, sondern dass sie auf eine geheimnisvolle Weise ineinandergewoben sind, so wie überhaupt die Tätigkeit des Christus-Ich das Ineinanderweben der Gegensätze ist. Tod wird Leben und Leben Tod, Aufgang wird Untergang und Untergang Aufgang, Wachen wird Schlafen und Schlafen Wachen. Und wenn man fragt, woher das kommt, sieht man, es geht nur dadurch, dass das Christus-Ich der Träger der Liebe ist, denn die Liebe vermählt die Gegensätze. Novalis wollte den »Heinrich von Ofterdingen« mit der Vermählung der Jahreszeiten[85] beenden:

Tief in Gedanken stand der neue Monarch. Er gedachte
Jetzt des nächtlichen Traumes und der Erzählungen auch,
Als er zuerst von der himmlischen Blume gehört und,
getroffen
Still von der Weissagung, mächtige Liebe gefühlt.
Noch dünkt ihn, er höre die tief eindringende Stimme,
Eben verließe der Gast erst den geselligen Kreis,
Flüchtige Schimmer des Mondes erhellten die klappernden
Fenster
Und in des Jünglings Brust tobe verzehrende Glut.

»Edda«, sagte der König, »was ist des liebenden Herzens
Innigster Wunsch? Was ist ihm der unsäglichste Schmerz?
Sag es, wir wollen ihm helfen, die Macht ist unser,
und herrlich
Werde die Zeit, nun du wieder den Himmel beglückst.«
»Wären die Zeiten nicht so ungesellig, verbände
Zukunft mit Gegenwart und mit Vergangenheit sich,

Schlösse Frühling sich an Herbst und Sommer an Winter,
Wäre zu spielendem Ernst Jugend mit Alter gepaart:
Dann, mein süßer Gemahl, versiegte die Quelle der
Schmerzen …«
»Ausgesprochen hast du wahrlich ein himmlisches Wort,
Was schon längst auf den Lippen der tiefer Fühlenden
schwebte,
Aber den deinigen erst rein und gedeihlich entklang.
Führe man schnell den Wagen herbei, wir holen sie selber,
Erstlich die Zeiten des Jahrs, dann auch des Menschen-
geschlechts.«

Anmerkungen

1 Weitere Gesichtspunkte finden sich den Vortragszyklen Rudolf Steiners, die im Folgenden immer wieder herangezogen werden: »Der Jahreskreislauf als Atmungsvorgang der Erde und die vier großen Festeszeiten. Die Anthroposophie und das menschliche Gemüt«, GA 223. »Das Miterleben des Jahreslaufes in vier kosmischen Imaginationen«, GA 229. »Das Verhältnis der Sternenwelt zum Menschen und des Menschen zur Sternenwelt. Die geistige Kommunion der Menschheit«, GA 219.

2 Rudolf Steiner, »Die geistigen Wesenheiten in den Himmelskörpern und Naturreichen«, GA 136, Vortrag 4.4.1912.

3 Günther Wachsmuth, »Erde und Mensch«, Dornach [3]1965.

4 Rudolf Steiner, »Der Mensch als Zusammenklang des schaffenden, bildenden und gestaltenden Weltenwortes«, GA 230, Vortrag 2.11.1923

5 Goethe, »Faust«, Prolog im Himmel, Vers 257 f.

6 Rudolf Steiner, »Menschenwesen, Menschenschicksal und Welt-Entwickelung«, GA 226, Vortrag 21.5.1923.

7 Rudolf Steiner, »Anthroposophie – Psychosophie – Pneumatosophie«, GA 115.

8 a.a.O. Anm. 7, Vortrag 26.10.1909.

9 a.a.O. Anm. 7, Vortrag 27.10.1909.

10 Siehe Rudolf Steiner, »Die Schöpfung der Welt und des Menschen Erdenleben und Sternenwirken«, GA 354, Vortrag 18.9.1924.

11 Siehe Rudolf Steiner, »Die Geheimnisse der biblischen Schöpfungsgeschichte«, GA 122, Vortrag 19.8.1910. »Geisteswissenschaftliche Erläuterungen zu Goethes ›Faust‹. Das Faust-Problem«, GA 273, Vortrag 27.9.1918. »Geisteswissenschaft und Medizin«, GA 312, Vortrag 31.3.1920.

12 Rudolf Steiner, »Mysteriengestaltungen«, GA 232, Vortrag 2.12.1923.
13 Rudolf Steiner, »Über frühe Erdzustände«, GA 347, Vorträge 20. und 23.9.1922.
14 Rudolf Steiner, »Die Weltgeschichte in anthroposophischer Beleuchtung und als Grundlage der Erkenntnis des Menschengeistes«, GA 233, Vortrag 24.12.1923.
15 Rudolf Steiner, »Die geistige Vereinigung der Menschheit durch den Christus-Impuls«, GA 165, Vortrag 31.12.1915.
16 Siehe Rudolf Steiner, »Anthroposophie – Psychosophie – Pneumatosophie«, GA 115, Vorträge 26. und 27.10.1909.
17 Rudolf Steiner, »Das Miterleben des Jahreslaufes in vier kosmischen Imaginationen«, GA 229, Vortrag 13.10.1923.
18 Siehe Rudolf Steiner, »Anthroposophische Lebensgaben«, GA 181, Vortrag 1.4.1918.
19 In Rudolf Steiner, »Wahrspruchworte«, GA 40. Siehe auch »Die Weihnachtstagung zur Begründung der Allgemeinen Anthroposophischen Gesellschaft 1923/24«, GA 260, Grundsteinlegung vom 25.12.1923.
20 Rudolf Steiner, »Das Johannes-Evangelium«, GA 103, Vortrag 30.5.1908.
21 Rudolf Steiner, »Menschenwerden, Weltenseele und Weltengeist«, I. Teil: »Der Mensch als leiblich-seelische Wesenheit in seinem Verhältnis zur Welt«, GA 205, Vortrag 24.6.1921.
22 Rudolf Steiner, »Die geistigen Wesenheiten in den Himmelskörpern und Naturreichen«, GA 136, Vortrag 7.4.1912.
23 Siehe Rudolf Steiner, »Die geistige Vereinigung der Menschheit durch den Christusimpuls«, GA 165, Vortrag 31.12.1915.
24 Rudolf Steiner, »Das Miterleben des Jahreslaufes in vier kosmischen Imaginationen«, GA 229, Vortrag 13.10.1923.
25 Rudolf Steiner, »Der Jahreskreislauf als Atmungsvorgang der Erde und die vier großen Festeszeiten«, GA 223, Vorträge 31.3. und 1.4.1923.
26 Matthäus, 3,2; 5,3.19.20 u.a.
27 Markus 1,15 u.a.; Lukas 4,43 u.a.; Johannes 3,3 u.a.

28 Johannes 18,36.
29 Siehe Rudolf Steiner, »Die Geschichte der Menschheit und die Weltanschauungen der Kulturvölker«, GA 353, Vortrag 10.5.1924.
30 Johannes 6, 35.48.51; 8,12; 10,9.14; 11,25; 14,6; 15,5.
31 Johannes 1,14 und 18 u.a.
32 Apokalypse des Johannes 1,8; 4,8; 11,17 u.a.
33 Johannes 1,1.14 u.a.
34 Siehe Rudolf Steiner, »Das Geheimnis der Trinität«, GA 214, Vortrag 30.8.1922.
35 Siehe Rudolf Steiner, »Das Hereinwirken geistiger Wesenheiten in den Menschen«, GA 102, Vortrag 24.3.1908.
36 Apokalypse des Johannes 5, 6.8.13; 6, 1 u.a.
37 Rudolf Steiner, »Weltenwunder, Seelenprüfungen, Geistesoffenbarungen«, GA 129, Vortrag 25.8.1911.
38 Rudolf Steiner, »Der Mensch im Lichte von Okkultismus, Theosophie und Philosophie«, GA 137, Vortrag 12.6.1912.
39 Siehe Rudolf Steiner, »Das Johannes-Evangelium«, GA 103, Vorträge 20. und 22.5.1908.
40 Siehe Rudolf Steiner, »Die Welt der Sinne und die Welt des Geistes«, GA 134, Vortrag 31.12.1911.
41 Siehe Rudolf Steiner, »Die geistigen Wesenheiten in den Himmelskörpern und Naturreichen«, GA 136, Vorträge 3. und 4.4.1912; sowie »Welche Bedeutung hat die okkulte Entwickelung des Menschen für seine Hüllen (physischer Leib, Ätherleib, Astralleib) und sein Selbst?«, GA 145.
42 Siehe Rudolf Steiner, »Esoterische Betrachtungen karmischer Zusammenhänge«, Band VI, GA 240, Vortrag 27.8.1924.
43 Siehe Rudolf Steiner, »Christus und die geistige Welt«, GA 149, Vortrag 31.12.1913.
44 Rudolf Steiner, »Die Welt der Sinne und die Welt des Geistes«, GA 134, Vortrag 29.12.1911.
45 Siehe Rudolf Steiner, »Das Matthäus-Evangelium«, GA 123, Vortrag 8.9.1910.
46 a.a.O. Anm. 45, Vortrag 10.9.1910.

47 Siehe Rudolf Steiner, »Vorstufen zum Mysterium von Golgatha«, GA 152, Vortrag 7.3.1914.
48 Siehe Rudolf Steiner, »Von Jesus zu Christus«, GA 131, Vorträge 10. und 11.10.1911.
49 Siehe Rudolf Steiner, »Aus der Akasha-Forschung. Das Fünfte Evangelium«, GA 148, Vortrag 3.10.1913.
50 Rudolf Steiner, »Das Johannes-Evangelium«, GA 103, Vortrag 26.5.1908.
51 a.a.O. Anm. 49, Vortrag 10.2.1914.
52 Rudolf Steiner, »Von Jesus zu Christus«, GA 131, Vortrag 12.10.1911.
53 Siehe Walther Cloos, »Die Hinweise Rudolf Steiners zur Radioaktivität«, Mitteilungen aus der anthroposophischen Arbeit in Deutschland, Nr. 148, Johanni 1984, S. 116-120.
54 Emil Bock, »Die drei Jahre«, Stuttgart [7]1992.
55 Siehe »Koberwitz 1924 – Geburtsstunde einer neuen Landwirtschaft«, Kapitel »Esoterische Gespräche«, Verlag Hilfswerk Elisabeth, 1974.
56 Siehe Rudolf Steiner, »Weltenwunder, Seelenprüfungen und Geistesoffenbarungen«, GA 129, Vortrag 26.8.1911.
57 Rudolf Steiner, »Der Christus-Impuls und die Entwickelung des Ich-Bewusstseins«, GA 116, Vortrag 9.3.1910.
58 Rudolf Steiner, »Vor dem Tore der Theosophie«, GA 95, Vortrag 4.9.1906.
59 Siehe Rudolf Steiner, »Die Apokalypse des Johannes«, GA 104, Vortrag 26.6.1908.
60 Friedrich Benesch, »Christliche Feste«, Band 2: Weihnachten – Passion – Ostern – Himmelfahrt – Pfingsten, Stuttgart 1993.
61 Siehe Rudolf Steiner, »Von der Initiation. Von Ewigkeit und Augenblick. Von Geisteslicht und Lebensdunkel«, GA 138, Vortrag 29.8.1912.
62 Siehe Rudolf Steiner, »Esoterische Betrachtungen karmischer Zusammenhänge«, Band VI, GA 240, Vortrag 27.8.1924.
63 Siehe Rudolf Steiner, »Das Johannes-Evangelium im Verhältnis zu den drei anderen Evangelien«, GA 112, Vorträge 5. und

6.7.1909. »Von Jesus zu Christus«, GA 131, Vorträge 10. und 11.10.1911.

64 Fragenbeantwortung vom 27.10.1909, unveröffentlicht.

65 Siehe Rudolf Steiner, »Weltenwunder, Seelenprüfungen und Geistesoffenbarungen«, GA 129, Vorträge 21. und 27.8.1911; oder »Die geistige Vereinigung der Menschheit durch den Christus-Impuls«, GA 165, Vortrag 9.1.1916.

66 Aus »Atmosphäre«, in der »Trilogie zu Howards Wolkenlehre«.

67 Siehe hier S.11f.

68 Siehe hier S. 41f. und Anm. 65.

69 Siehe Rudolf Steiner, »Das Johannes-Evangelium im Verhältnis zu den drei anderen Evangelien«, GA 112, Vortrag 6.7.1909.

70 Siehe Rudolf Steiner, »Das Miterleben des Jahreslaufes in vier kosmischen Imaginationen«, GA 229, Vortrag 13.10.1923, und »Der Jahreskreislauf als Atmungsvorgang der Erde und die vier großen Festeszeiten«, GA 223, Vortrag 31.3.1923.

71 Rudolf Steiner, Vorträge und Kurse über christlich-religiöses Wirken, IV, GA 345, Seite 84 (Kultusgebet zu Weihnachten).

72 Siehe Rudolf Steiner, »Die geistige Vereinigung der Menschheit durch den Christusimpuls«, GA 165, Vortrag 31.12.1915.

73 Siehe Rudolf Steiner, »Geistige Hierarchien und ihre Widerspiegelung in der physischen Welt«, GA 110, Vorträge 14. und 15.4.1909.

74 Rudolf Steiner, »Wahrspruchworte«, GA 40, darin: Anthroposophischer Seelenkalender.

75 Fred Poeppig, »Abenteuer meines Lebens«, Schaffhausen 1975, S. 303

76 Siehe Rudolf Steiner, »Menschenwesen, Menschenschicksal und Welt-Entwickelung«, GA 226, Vortrag 21.5.1923.

77 a.a.O. Anm. 76, Vortrag 18.5.1923.

78 Siehe Rudolf Steiner, »Das Miterleben des Jahreslaufes in vier kosmischen Imaginationen«, GA 229, Vorträge 5.,6.,7., 12.,13. und 15.10.1923.

79 a.a.O. Anm. 78, Vortrag 13.10.1923.

80 a.a.O. Anm. 78, Vortrag 13.10.1923.

81 Rudolf Steiner, »Der Jahreskreislauf als Atmungsvorgang der Erde und die vier großen Festeszeiten«, GA 223, Vortrag 31.3.1923.

82 Siehe Rudolf Steiner, »Das Miterleben des Jahreslaufes in vier kosmischen Imaginationen«, GA 229, Vortrag 13.10.1923.

83 Siehe Rudolf Steiner, »Das Verhältnis der Sternenwelt zum Menschen und des Menschen zur Sternenwelt«, GA 219, Vorträge 29. und 31.12.1922.

84 a.a.O. Anm. 83, Vortrag 31.12.1922.

85 Novalis, Schriften, 1. Band: Das dichterische Werk, aus: »Paralipomena«, S. 355, Stuttgart ^{3}1977.